Überfällig

OSIANDER

Jan Eike Welchering

Überfällig

Der deutsche Journalismus und die Menschenwürde

Reihe Pons Theologiae
Band 3

OSIANDER
2020

Originalausgabe

ISBN: 9789403611792
ISSN: 2700-5976

Osiander Verlag Tübingen, Dezember 2020
Gedruckt in Deutschland

Die Deutsche Nationalbibliothek verzeichnet diese Publikation in der Deutschen Nationalbibliografie.

Inhalt

I. Einführung

Wenn von der Würde des Menschen in den deutschsprachigen Massenmedien die Rede ist, dann meist im Kontext von größeren Skandalen und Verstößen gegen selbige; scheinbar wird in den Massenmedien zunehmend rücksichtsloser mit den Persönlichkeitsrechten des Einzelnen umgegangen. Wie steht es aber tatsächlich um den moralischen Grundwasserspiegel bei den Medienschaffenden? Gilt tatsächlich die Prämisse „Information und Unterhaltung um jeden Preis“? Ist denn der Schutzbereich der Menschenwürde bei Journalisten überhaupt präsent?

Dem Begriff der Menschenwürde wird in unserer kulturellen Ordnung zwar eine immense praktische Bedeutung beigemessen, aufgrund seiner „definitorischen Unbestimmtheit“ und Allgemeinheit steht er aber „immer wieder im Mittelpunkt heftiger Kontroversen.“[1] Es mag daher kaum verwundern, dass gerade im DEUTSCHEN PRESSERAT eine zunehmend größer werdende definitorische Vielstimmigkeit deutlich wird, die sich zwischen ethischen, medienphilosophischen und rechtlichen Kontexten bewegt; in den vergangenen Jahren wurde außerdem zunehmend hitziger diskutiert, inwiefern der DEUTSCHE PRESSERAT sich überhaupt mit ethischen Begriffen und Fragestellungen zu befassen habe und nicht besser zu einer Art außergerichtlicher Schlichtungsstelle umfunktioniert werden solle. Dabei genügte scheinbar die

1 Franz-Josef BORMANN, Menschenwürde und ärztliches Handeln. Moraltheologische Überlegungen zum gegenwärtigen Streit um den Würdebegriff, in: Renovatio 62 (2006) 1/2, 43 - 61, hier: 43.

Begründung, ethische Grundsätze könnten nicht mehr sinnvoll und allgemeingültig vertreten werden.[2] Da es sich zumindest beim KANTischen Begriff der Menschenwürde um einen streng universalen und rational begründeten Wertbegriff handelt, ist zumindest dieses Argument ein fadenscheiniges. Die bereits erwähnte definitorische Unbestimmtheit führte jedoch zu dem Umstand, dass sich in der Spruchpraxis des DEUTSCHEN PRESSERATES sehr unterschiedliche Begriffe von Menschenwürde finden und die Missachtung selbiger daher recht unterschiedlich auslegen.

Ich vertrete die These, dass der kantische Begriff der Menschenwürde auch bei medienethischen Fragestellungen zu plausiblen und universal gültigen Urteilen führt, da er von der Prämisse der Selbstzwecklichkeit ausgeht und lediglich die Frage nach dem Akteur als differentia specifica zu anderen Bereichsethiken zu betrachten ist. Um dies zu begründen, werde ich in einem ersten Schritt den Begriff der Menschenwürde historisch-systematisch herleiten. In einem zweiten Argumentationsschritt stelle ich zunächst die unterschiedlichen Begriffe von Menschenwürde in der Spruchpraxis des DEUTSCHEN PRESSERATES dar und frage nach der medienethischen Relevanz des kantischen Würdebegriffs. Die rein ethische Perspektive auf *den* massenmedialen Menschenwürdebegriff bietet zudem den Vorteil, dass die juristisch oft nicht triviale Frage nach dem Verursacher geweitet werden und der einzelne Akteur verstärkt ins

---

2 Vgl. hierzu Peter WELCHERING, Ethik ./. Rechtspositivismus. Zur aktuellen Diskussion um die weitere Ausgestaltung des Pressekodex und die Arbeit des Deutschen Presserates, Kornwestheim 2012, 3.

Blickfeld genommen werden kann; hier mache ich mir die Erkenntnisse der modernen Rhetoriktheorie zu nutze und sehe daher jenen als Akteur an, der im Sinne der Rhetoriktheorie als *Orator* zu bezeichnen ist, also einen strategisch-zielorientierten Kommunikator, diesen jedoch ausschließlich unter individualethischen Gesichtspunkten; die rhetorischen Begriffe von *Orator* und *Medium* werde ich daher erst im Rahmen der Darstellung des Gegenstandes der Medienethik erläutern.

Generell verteidigen die *Publizistischen Grundsätze* und die mit ihnen begründete Spruchpraxis des DEUTSCHEN PRESSERATES zwar in bereits erwähnter Vielstimmigkeit, aber dennoch sinnvoll und ausdifferenziert das Prinzip der Unantastbarkeit der Würde, und dies aus gutem Grund aus einer professions- und individualethischen Perspektive, die aus rechtspositivistischer Perspektive nicht ohne weiteres einzuholen ist. Dennoch ist es notwendig, einen einheitlichen Begriff der Menschenwürde festzulegen, um Regeln der Wahrung der Menschenwürde definieren zu können.

II. Historisch-systematische Herleitung des Menschenwürdebegriffes

Bevor ich mich nun mit der Frage des „moralischen Grundwasserspiegels" der heutigen Medienschaffenden näher auseinandersetze, halte ich es für erforderlich, eine Basis des Begriffes der Menschenwürde zu schaffen. Als besonders geeignet hierfür scheint mir der Begriff von Immanuel KANT, dessen Menschenwürdebegriff auch unserer Verfassung zugrunde liegt. Günter DÜRIG, Verfasser eines Kommentars zu Artikel 1 des Grundgesetzes, schreibt zur verfassungsrechtlichen Frage der Menschenwürde:

> „Die *normative* Aussage des objektiven Verfassungsrechts, dass die Würde des Menschen unantastbar ist, beinhaltet eine Wertaussage, der ihrerseits aber eine Aussage über eine Seinsgegebenheit zugrunde liegt. Diese Seinsgegebenheit, die unabhängig von Zeit und Raum «ist» und rechtlich verwirklicht werden «soll», besteht in folgendem: *Jeder Mensch ist Mensch kraft seines Geistes, der ihn abhebt von der unpersönlichen Natur und ihn aus eigener Entscheidung dazu befähigt, seiner selbst bewußt zu werden, sich selbst zu bestimmen und sich und die Umwelt zu gestalten.*"[3]

Das bedeutet DÜRIG zufolge, dass die Würde uneingeschränkt jedem Menschen in jeder denkbaren Lebenslage zukommt, unabhängig von seinen aktuellen Fähigkeiten. Interessant bei DÜRIGS folgender Argumentation ist, dass er ausdrücklich nicht von einer Unverletzlichkeit der Würde des Menschen

---

3 Günter DÜRIG, Der Grundrechtssatz von der Menschenwürde, in: Archiv des öffentlichen Rechts 81 (1956) 117 – 157, hier: 125.

spricht, sondern von ihrer Unantastbarkeit. Er begründet dies nicht mit einer rechtspositivistischen Argumentation, sondern, ganz im Gegenteil, mit der Notwendigkeit der überpositiven Grundlegung der Würde des Menschen;[4] der „Satz von der Menschenwürde" wird von ihm infolgedessen als eine Norm des objektiven Rechts aufgefasst.[5] DÜRIG steht mit dieser Interpretation in einer langen Traditionslinie, die von der antik-stoischen über die christlich-theologische hin zur KANTischen Grundlegung des Würdebegriffes reicht.

Wie ist aber nun die Würde des Menschen bei KANT grundgelegt? Wie ist sein argumentatives Vorgehen zu beschreiben? Zunächst fragt KANT in seiner Schrift *Grundlegung zur Metaphysik der Sitten* nach der Möglichkeit sittlicher Apriori und versucht, diese Transzendental-logische Frage[6] zu beantworten. Er wählt hierfür den methodischen Dreischritt und will auf diese Weise von der „gemeinen sittlichen Vernunfterkenntnis" über die „Metaphysik der Sitten" zu einer „Kritik der reinen Vernunft"[7] gelangen, wobei die oben genannte Schrift als Vorläufer sowohl einer *Metaphysik der Sitten* als auch einer *Kritik der reinen praktischen Vernunft* zu werten ist.[8]

---

4 DÜRIG, Grundrechtssatz, 125.

5 DÜRIG, Grundrechtssatz, 126.

6 Insofern aus der bloßen Form des sittlichen Imperativs „Bedingungen für die Konstitution des Gegenstandes" erkannt werden sollen, „erweist sich die Logik als transzendental". Vgl. Richard SCHAEFFLER, Wege zu einer Ersten Philosophie, Frankfurt am Main 1964, 83f.

7 GMS B XV.

8 Vgl. GMS B XII – XIV.

KANT ist daran gelegen, die Möglichkeit einer rationalen Ethik im Gegensatz zu einer praktischen Anthropologie zu untersuchen, um den Bereich, in welchem Gegenstände eines möglichen guten Willens konstituiert werden, zu analysieren.[9]

1. Übergang von der gemeinen sittlichen Vernunfterkenntnis zur philosophischen

Die Frage, welcher Größe das Prädikat „gut" zugesprochen werden kann, ist die vorausgesetzte Ausgangsfrage, welche KANT gleich zu Beginn des ersten Abschnittes der „Grundlegung zur Metaphysik der Sitten" thetisch beantwortet: „Es ist überall nichts in der Welt, [...] überhaupt auch außer derselben zu denken möglich, was ohne Einschränkung für gut könnte gehalten werden, als allein ein *guter* Wille."[10]

Während „Talente des Geistes" und „Eigenschaften des Temperamentes" als ambivalente Größen anzusehen sind, „Glücksgaben" dem Menschen Mut verleihen können,[11] muss der gute Wille als Regulativ betrachtet werden, das, insofern ihm das Prädikat „gut" zugesprochen werden kann, die „Gutheit"[12] der sekundären Größen erst garantiert. Die kopernikanische Wende der Philosophie, welche KANT für den Bereich der reinen theoretischen Vernunft bereits herbeigeführt hatte, wird nun auf den der praktischen übertragen, indem die guten Eigenschaften des Menschen nicht mehr Voraussetzung

---

9 Vgl. GMS B XVI.

10 GMS B 1, Hervorhebungen sind, soweit nicht anders angegeben, stets im Original.

11 Vgl. GMS B 1.

12 Vgl. SCHAEFFLER, Philosophie, 89f.: „Die alten Transzendentalien Bonum und Pulchrum und ein neues Transzendentale, das man Sanctum nennen könnte, werden als «logische Erfordernisse» der praktischen Philosophie neu verstanden".

des guten Willens sind, sondern der gute Wille diese erst gut werden lässt. Aus diesem Grunde weist KANT auch den Versuch, das sittlich Gesollte aus der psychosozialen Verfasstheit des Menschen zu deduzieren, ab und genügt damit dem in der Vorrede aufgestellten Vorsatz, die Möglichkeit einer rationalen Ethik untersuchen zu wollen.

Obschon der gute Wille „nicht etwa ein bloßer Wunsch, sondern als die Aufbietung aller Mittel so weit sie in unserer Gewalt sind",[13] sich auf Zwecke richten und diese konstituieren muss, genießt er dennoch unabhängig von Kriterien der Utilität absoluten Wert, da die ihm zu Grunde liegende Motivation das Handeln aus Pflicht ist. Insofern also die *„Vorstellung des Gesetzes* an sich selbst, *die freilich nur im vernünftigen Wesen stattfindet"*,[14] den guten motiviert und dieser nicht Neigungen unterworfen, sondern frei ist, muss auch das Primat der Vernunft anerkannt werden. Mithilfe einer teleologischen Beweisführung will KANT nun den behaupteten Zusammenhang zwischen guten Willen und Vernunft darlegen:

Unter der Voraussetzung, dass alle „Naturanlagen eines organisierten [...] Wesens"[15] zweckmäßig angelegt sind, kann die Vernunft nicht die Aufgabe haben, der menschlichen Glückseligkeit zu dienen, da diese Aufgabe in weitaus besserem Maße vom Instinkt wahrgenommen werden könnte, wobei nun in Entsprechung zur angenommenen Teleologie der Vernunft eine andere Aufgabe als die der Selbsterhaltung des Menschen in Glückseligkeit zugesprochen werden muss.

---

[13] GMS B 3.
[14] GMS B 16.
[15] GMS B 4.

Der durch die Aussage, der gute Wille müsse frei von allen Neigungen durch Achtung für das Gesetz motiviert sein, behauptete Zusammenhang von Vernunft und Sittlichkeit ist demzufolge eine notwendige Annahme. Somit kann die „wahre Bestimmung“[16] der Vernunft als das Hervorbringen eines an sich guten und mithin freien Willens gekennzeichnet werden. Nunmehr ist der Übergang in die Metaphysik, welcher die Berechtigung der Annahme eines freien und guten Willens beim Menschen klären soll, notwendig geworden.

Um die Frage, ob ein freier und guter Wille dem Menschen zuzusprechen sei, beantworten zu können, muss zunächst der Begriff des „guten Willens“ entwickelt werden.[17] Um jedoch diesen Schritt vollziehen zu können, bestimmt KANT zunächst den Begriff „Pflicht“, um hierauf von diesem auf den des guten Willens schließen zu können. Nun geht KANT phänomenologisch vor; d.h. er geht, nachdem er zwischen pflichtgemäßen Handlungen und Handlungen aus Pflicht unterschieden hat, von Phänomenen der Handlungen aus Pflicht aus, um daran anschließend den apriorischen Begriff „Pflicht“ bestimmen zu können.[18] KANT entwickelt ausgehend von dieser „phänomenologischen Betrachtung“ eine eigene Pflichtenlehre:

1. Eine Handlung ist erst sittlich relevant, wenn sie aus Pflicht geschieht.

---

16 GMS B 7.

17 Vgl. GMS B 8.

18 Eine solche Vorgehensweise nennt Johannes Hessen „reduktionistisch“, vgl. Johannes HESSEN, Die Methode der Metaphysik, Hannover – Stuttgart ²1955, hier insb. 47 – 52.

2. Eine Handlung aus Pflicht ist nicht nach utilitären Kriterien zu beurteilen, sondern hat ihren Wert in der der Handlung zu Grunde liegenden Maxime.

3. Pflicht ist die Notwendigkeit einer Handlung, die vom praktischen Gesetz bewirkt wird. Der sittliche Wille wird objektiv durch das Gesetz und subjektiv durch reine Achtung dem Gesetz gegenüber bestimmt.[19]

Es geht KANT also um die Motive einer Handlung und nicht um die Korrektheit des Verhaltens. Der sittliche Wert einer Handlung ist demzufolge auch durch die Motivation gegeben, welche den Willen unabhängig von Zwecken zu Handlungen veranlassen kann. Die reine Achtung dem Gesetze gegenüber, welche als Analogon zu Furcht und Lust, also zu Neigungen, gewertet wird, ist eine solche Motivation.

2. Übergang von der populären sittlichen Weltweisheit zur Metaphysik der Sitten

Da der menschliche Wille nicht völlig der Vernunft gemäß ist, sind objektiv notwendige Handlungen subjektiv zufällig, weshalb der Wille der Nötigung als einer Bestimmung nach objektiven Gesetzen bedarf. Aus diesem Grunde setzt KANT drei Formeln an, die das Verhältnis von Gesetzen des Wollens überhaupt zur subjektiven Unvollkommenheit des Willens eines zwar vernünftigen, aber auch sinnlich affizierten Wesens ausdrücken. Diese Formeln setzt er terminologisch als Imperative an, diese lauten:

---

19 Vgl. GMS B 13 – 15.

1. *Regeln der Geschicklichkeit*
   Diese klären, was zu tun ist, damit ein bestimmter Zweck erreicht wird.

2. *Ratschläge der Klugheit*
   Diese setzen Handlungen fest, welche zur Erreichung von Glückseligkeit je verschieden mit Inhalt gefüllt wird, also in das Belieben des Einzelnen gestellt ist.

3. *Gebote oder Gesetze der Sittlichkeit*
   Diese gebieten dem freien und guten Willen unbedingt, sind also nicht von Zwecken abhängig, die der Mensch erreichen will.

Da KANT nun die Wirklichkeit eines synthetisch-praktischen Satzes a priori dargestellt hat, schließt sich die Frage nach der Möglichkeit dieser Imperative an, wird also nach der Möglichkeit synthetischer Sätze a priori gefragt. Aus welchem Prinzip kann also die Nötigung, welche der Imperativ artikuliert, deduziert werden? Durch welches Prinzip ist diese Nötigung begründet? Regeln der Geschicklichkeit und Ratschläge der Klugheit finden ihre Begründung in dem Zweck, welcher durch sie erreicht werden soll. Gesetze der Sittlichkeit hingegen konstituieren zunächst die Zwecke, deren Verwirklichung alsdann angestrebt werden soll, da „die Bedingungen des Urteils zugleich Bedingungen des Gegenstands“ sind:

> „Nun sollen diese Bedingungen rein aus der Form des Imperativs (seiner Allgemeinheit) abgelesen werden. Darum benennt die Form-Analyse des Imperativs zugleich die

> Bedingungen des Gegenstands, soweit er für die praktische Philosophie in Betracht kommt."[20]

Aus diesem Grund leitet KANT zunächst aus dem Begriff des kategorischen Imperativs eine Formulierung desselben ab:

> „Da der Imperativ außer dem Gesetze nur die Notwendigkeit der Maxime enthält, diesem Gesetz gemäß zu sein, das Gesetz aber keine Bedingung enthält, auf die es eingeschränkt war, so bleibt nichts, als die Allgemeinheit eines Gesetzes überhaupt übrig, welchem die Maxime der Handlung gemäß sein soll, und welche Gemäßheit allein dem Imperativ eigentlich als notwendig vorstellt. Der kategorische Imperativ ist also ein einziger, und zwar dieser: *handle nur nach derjenigen Maxime die du zugleich wollen kannst, dass sie ein allgemeines Gesetz werde."*[21]

Insofern Pflicht die Notwendigkeit einer Handlung für das Gesetz ist, ist der kategorische Imperativ das Prinzip aller Imperative der Pflicht. Eine Neuformulierung erfährt dieser Imperativ aller Imperative durch den Bezug zum Naturgesetz: *„Handle so, als ob die Maxime einer Handlung durch deinen Willen zum allgemeinen Naturgesetz werden sollte."*[22]

Nun will KANT erweisen, dass ein praktisches Gesetz a priori existent ist, welches für sich gebietet, dass die Befolgung desselben aus Pflicht zu geschehen habe, wobei es sich um einen metaphysischen Satz handeln muss, ein anthropologischer nicht zugelassen ist, damit die Apodiktik des Sittengesetzes gewahrt bleibt. Kant formuliert diese Ansprüche zunächst in

---

20 SCHAEFFLER, Philosophie, 84.

21 GMS B 51f.

22 GMS B 52.

Form einer philosophischen Frage. Sein „Beweis" der apriorischen Existenz muss also eine Antwort geben auf diese Frage:

> „Ist es ein notwendiges Gesetz *für alle vernünftigen Wesen,* ihre Handlungen jederzeit nach solchen Maximen zu beurteilen, von denen sie selbst wollen können, dass sie zu allgemeinen Gesetzen dienen sollen?"[23]

Die oben bereits gestellte Frage nach dem Prinzip der Nötigung, welche der Imperativ artikuliert, ist an dieser Stelle von KANT bezogen auf den kategorischen Imperativ formuliert. Ein solches Prinzip muss einen apriorischen Bezug zum Begriff des „Willens eines vernünftigen Wesens überhaupt"[24] besitzen, weil durch die Frage nach einem solchen Prinzip nach „dem Verhältnis eines Willens zu sich selbst, so fern er sich bloß durch Vernunft bestimmt"[25], gefragt wird: „Der Wille wird als ein Vermögen gedacht, *der Vorstellung gewisser Gesetze gemäß* sich selbst zum Handeln zu bestimmen."[26]

Dieses Vermögen unterliegt der Selbstbestimmung, die auf der Basis von Zwecken geschieht. Indem der Wille Vernunft nur gebraucht, um vorgegebenen Triebfedern seinen Neigungen gemäß folgen zu können, folgt er hypothetischen Imperativen, weil diese Zwecke, wie bereits ausgeführt, nur relativ sind. Hier kann also die Möglichkeit des kategorischen Imperativs nicht liegen, wie ich bereits gezeigt habe. Sie ist vielmehr in dem zu finden, was einen unbedingten und absoluten

---

23 GMS B 62.
24 Ebd.
25 GMS B 63.
26 Ebd.

Wert an sich besitzt. Jedes vernünftige Wesen – also auch der Mensch – existiert nun als Zweck an sich, seinem Dasein ist ein absoluter Wert zu eigen.

> „Wenn es denn also ein oberstes praktisches Prinzip, und in Ansehung des menschlichen Willens, einen kategorischen Imperativ geben soll, so muß es ein solches sein, das aus der Vorstellung dessen, was notwendig für jedermann Zweck ist, weil es *Zweck an sich selbst* ist, ein *objektives* Prinzip des Willens ausmacht, mithin zum allgemeinen praktischen Gesetz dienen kann. Der Grund dieses Prinzips ist: *die vernünftige Natur existiert als Zweck an sich selbst."*[27]

Indem das jeweilige Dasein des Menschen als subjektives Prinzip menschlicher Handlungen verstanden wird, muss ebenso angenommen werden, dass jedes vernünftige Wesen ebenfalls sein Dasein zum jeweiligen subjektiven Prinzip seiner Handlung hat. „Der praktische Imperativ wird also folgender sein: *Handle so, dass du die Menschheit, sowohl in deiner Person, als in der Person eines jeden andern, jederzeit zugleich als Zweck, niemals bloß als Mittel brauchest."*[28]

Das Prinzip der vernünftigen Natur als eines Zweckes an sich weist drei Bestimmungen auf, welche dem Postulat eines apriorischen Bezuges zum Willen eines vernünftigen Wesens genügen: Zum einen betrifft es aufgrund seiner Universalität alle vernünftigen Wesen, außerdem ist der Begriff der Menschheit ein objektiver Zweck, welcher als letztgültiges bestimmendes und begrenztes Bedingungsgefüge für alle subjektiven Zwecke gedacht wird. Schließlich muss der Wille

---

[27] GMS B 66.
[28] GMS B 66f.

jedes vernünftigen Wesens als ein allgemein gesetzgebender Wille gedacht werden.

> „Der Wille wird also nicht lediglich dem Gesetze unterworfen, sondern so unterworfen, daß er auch als *selbstgesetzgebend,* und eben deswillen allererst dem Gesetze (davon er selbst sich als Urheber betrachten kann) unterworfen, angesehen werden muß.[29]

Das Unterscheidungskriterium zwischen hypothetischen Imperativen und dem kategorischen ist der Begriff der Pflicht als Notwendigkeit der Handlung nach dem Prinzip der Selbstgesetzgebung. Ein selbstgesetzgebender Wille darf in seiner Freiheit von keinem Gebot abhängig sein, welches nicht durch den eigenen Willen gegeben wurde. Das vernünftige Subjekt, dem ein solcher Wille zugeschrieben wird, ist deshalb autonom; d.h. es unterliegt lediglich seiner eigenen und damit allgemeinen Gesetzgebung. Allgemein wird die Gesetzgebung des eigenen Willens durch den Bezug der vernünftigen Wesen aufeinander. „Denn vernünftige Wesen stehen alle unter dem *Gesetz,* daß jedes derselben sich selbst und alle anderen *niemals bloß als Mittel,* sondern jederzeit *zugleich als Zweck an sich selbst* behandeln dürfe.“[30] Eine Handlung hat aus Achtung vor dem Gesetz zu geschehen, jedoch ist das Gesetz das von mir meiner Person gegebene, das durch den Bezug der vernünftigen Wesen zueinander ein allgemeines Gesetz wird.

Das Prinzip eines freien und guten Willens bestimmt KANT folgendermaßen: „Keine Handlung nach einer andern

---

29 GMS B 70f.
30 GMS A 74f.

Maxime zu tun, als so, *daß der Wille durch seine Maxime sich selbst zugleich als allgemein gesetzgebend betrachten könne.*“[31] Dem vernünftigen Wesen, dem ein solcher gesetzgebender Wille zukommt, wird die Qualität der Würde zugeschrieben, weil nur dieses vernünftige Wesen Zweck an sich sein kann. Die Idee der Würde motiviert die Bezugnahme des freien und guten Willens auf alle anderen vernünftigen Wesen. Sie erlaubt dem vernünftigen Wesen, sich als Zweck an sich zu setzen, der von KANT als Materie des guten Willens dargestellt wurde.

Die anfänglich aufgeworfene Frage nach dem Wesen des guten Willens kann von KANT nun beantwortet werden: „*Der Wille ist schlechterdings gut,* [...] dessen Maxime, wenn sie zu einem allgemeinen Gesetz gemacht wird, sich selbst niemals widerstreiten kann.“[32] Die Maxime eines Willens, der „gut“ genannt werden soll, muss dem Anspruch der Allgemeinheit genügen, ohne in einen Selbstwiderspruch zu geraten. Der kategorische Imperativ ist die Formel eines schlechterdings guten Willens, wobei die Fähigkeit zur Selbstgesetzgebung als Autonomie und somit „als oberstes Prinzip der Sittlichkeit“ sittliche Freiheit ausmacht.

31 GMS B 76.
32 GMS B 81.

3. Übergang von der Metaphysik der Sitten zur Kritik der reinen praktischen Vernunft

Die Aufgabe dieses „Übergangs" hat KANT bereits bei der Begründung der „Autonomie des Willens als oberstes Prinzip der Sittlichkeit"[33] formuliert:

> „Daß diese praktische Regel ein Imperativ sei, d.i. der Wille jedes vernünftigen Wesens an sie als Bedingung notwendig gebunden sei, kann durch bloße Zergliederung der in ihm vorkommenden Begriffe nicht bewiesen werden, weil es ein synthetischer Satz ist; man müßte über die Erkenntnis der Objekte und zu einer Kenntnis des Subjekts, d.i. der reinen praktischen Vernunft, hinausgehen, denn völlig a priori muß dieser Satz, der apodiktisch gebietet, erkannt werden können."[34]

KANT hat also die Frage zu beantworten, was die Bedingung der Möglichkeit eines kategorischen Imperativs sein könne. Was kann also als Bedingungsgrund für den Umschlag des „Wollens" – Autonomie – in ein „Sollen" – Imperativ – angegeben werden? Wie ist es möglich, dem Menschen sowohl einen freien als auch einen sinnlich bestimmten Willen zuzusprechen?

Wenn Freiheit als Eigenschaft des Willens, der als Kausalität vernünftiger Wesen begriffen wird, vorausgesetzt wird, so ist die Deduktion des kategorischen Imperativs und des Prinzips der Sittlichkeit möglich. Außerdem muss Freiheit jedem vernünftigen Wesen zumindest hypothetisch zugesprochen werden, weil die Vernunft als Urheberin ihrer Prinzipien

---

33 GMS B 76.
34 GMS B 87f.

interpretiert werden muss, demzufolge also nicht von Außen gelenkt werden kann. Hinzu kommt, dass das vernünftige Subjekt bei einer Selbstbetrachtung immer zwei Standpunkte einnimmt: Zum einen ist es Glied der Sinnenwelt und zum anderen der intelligiblen Welt. Im Rekurs auf die in der *Kritik der reinen Vernunft* durchgeführte Analyse des Erkenntnisvermögens argumentiert KANT, dass der Mensch niemals Dinge an sich, sondern immer nur Erscheinungen der Dinge an sich erkennen könne, Dinge für uns, sodass der Mensch als vernünftiges Wesen die Kausalität seines Willens nur unter der Idee der Freiheit als einer transzendentalen Größe denken kann, weil er durch seine Vernunftbegabtheit der intelligiblen Welt angehört und unter deren Gesetzen steht, somit von Ursachen der Sinnenwelt unabhängig ist. Diese Unabhängigkeit von Ursachen der Sinnenwelt nennt KANT negative Freiheit. Wenn wir uns also als frei denken, so sehen wir uns als Glieder der intelligiblen Welt, so erkennen wir die Autonomie des Willens und die darin begründete Moralität, während wir, insofern wir uns als Verpflichtete denken, uns gleichsam der intelligiblen als auch der Sinnenwelt zuordnen.

Das „Sollen“ des Imperativs ist also ein „Wollen“, welches nur deshalb zum „Sollen“ wird, weil wir Glieder zweier Welten sind, also sinnlich affiziert werden, weshalb sich Vernunft nicht völlig entfalten kann. Somit ist der kategorische Imperativ dadurch begründet, dass die Verstandeswelt die Gesetze der Sinnenwelt enthält und der Mensch nicht nur der intelligiblen Welt angehört, sondern auch Glied der Sinnenwelt ist, als solcher einer Nötigung bedarf und einem „Sollen“ unterliegt.

Der Mensch, der sich nun als Erscheinung seiner selbst vorfindet, muss sich mit Hilfe der praktischen Vernunft in die Verstandeswelt hineindenken, er kann sich aber nicht „hineinempfinden",[35] nicht hineinschauen. Somit ist ein Wesen zwar, das nicht anders als unter der Idee der Freiheit handeln kann, „in praktischer Rücksicht wirklich frei",[36] aber die Freiheit des Willens kann nicht apriorisch erklärt, wohl aber kann die Idee der Freiheit als notwendige Bedingung der Möglichkeit des kategorischen Imperativs erwiesen werden.

4. Die Begriffsfunktionen als Elemente der Begriffsanalyse

1. Die Ableitung der Begriffsfunktionen

Welche Funktionen hat nun der Begriff der Menschenwürde bei KANT, welche schreibt er ihnen zu, welche können von ihm abgeleitet werden?

> „Die Vernunft bezieht also jede Maxime als allgemein gesetzgebend auf jeden anderen Willen, und auch auf jede Handlung gegen sich selbst, und dies zwar nicht um irgend eines andern praktischen Beweggrundes oder künftigen Vorteils willen, sondern aus der Idee der *Würde* eines vernünftigen Wesens, das keinem Gesetz gehorcht, als dem, das es zugleich selbst gibt."[37]

Diese KANTische Aussage lässt drei Teilbestimmungen von Funktionen des Begriffs der Menschenwürde zu, welche als Elemente der Begriffsanalyse aufzufassen sind.

---

35 GMS B 118.

36 GMS B 100.

37 GMS B 76f.

Zunächst: Die Annahme einer „Idee der Würde eines vernünftigen Wesens" als Beweggrund für das Handeln aus Pflicht lässt erst die Unterscheidung zwischen nur pflichtmäßigen Handlungen und dem sittlich relevanten Handeln aus Pflicht deutlich werden. Der Begriff der sittlichen Würde übt somit auch eine limitative Funktion aus: Er grenzt das Handeln aus Pflicht gegen ein nur pflichtmäßiges Handeln ab, und erst durch Einführen dieses Begriffs wird es möglich, den Begriff der Pflicht als Unterscheidungskriterium zwischen kategorischem und hypothetischen Imperativen anzuführen. Somit wird also auch die Abgrenzung des kategorischen Imperativs durch den Begriff der Würde geleistet.

Außerdem: Der Bezug jeder „Maxime des Willens als allgemein gesetzgebend auf jeden andern Willen" lässt die relationale Funktion des Begriffs erkennen, welche erst die Form des kategorischen Imperativs ermöglicht.

Schließlich ist die von KANT geforderte Bezugnahme jeder „Maxime [...] auf jede Handlung gegen sich selbst", aber auch gegenüber andern vernünftigen Wesen „aus der Idee der Würde eines vernünftigen Wesens" meines Erachtens als motivierende Funktion, welche der Begriff zu leisten hat, zu werten.

2. Die limitative Funktion des Begriffs

KANT grenzt seinen Menschenwürdebegriff in zweifacher Hinsicht von anderen Begriffen ab. Wenden wir uns daher nun der doppelten limitativen Funktion des Begriffs der Menschenwürde zu.

a) Die Abgrenzung des Handelns aus Pflicht gegen das nur pflichtmäßige Handeln

Da der menschliche Wille nicht nur von der dem Menschen eigenen Vernunft bestimmt wird – dass der Mensch sich nicht nur seiner Vernunft bedient, ist hinlänglich bekannt – sondern auch anderen Triebfedern bzw. Neigungen unterliegt, weil der Mensch nicht nur Glied der intelligiblen Welt ist, sondern auch der Sinnenwelt angehört,[38] sollte zunächst geklärt werden, welcher Handlung nun Gutheit zuzusprechen ist, damit die moralische Relevanz von Handlungen erläutert werden kann.[39] Gutheit erhält eine Handlung dadurch, dass sie durch die „Vorstellung des Gesetzes an sich selbst" bestimmt wird, wobei diese Vorstellung des Gesetzes die Motivation des Willens ist und dieser gute Wille, weil er durch die Motivation gut ist, gute Handlungen vollzieht:

> „Es liegt also der moralische Wert der Handlung nicht in der Wirkung, die daraus erwartet wird, also auch nicht in irgend einem Prinzip der Handlung, welches seinen Bewegungsgrund von dieser erwarteten Wirkung zu entlehnen bedarf. Denn alle diese Wirkungen [...] konnten auch durch andere Ursachen zu Stande gebracht werden, und es brauchte also dazu nicht des Willens eines vernünftigen Wesens; worin gleichwohl das höchste und unbedingte Gute allein angetroffen werden kann. Es kann also nichts anders als die *Vorstellung des Gesetzes an sich* selbst, *die freilich nur im vernünftigen Wesen stattfindet,* so fern sie, nicht aber die

---

38 Vgl. GMS B 108f.

39 Vgl. GMS B 10: „Aber ich behaupte, daß in solchen Falle dergleichen Handlung, so pflichtmäßig, so liebenswürdig sie auch ist, dennoch keinen wahren sittlichen Wert habe, sondern mit anderen Neigungen zu gleichen Paare gehe, [...] denn der Maxime fehlt der sittliche Gehalt, nämlich solche Handlungen nicht aus Neigung, sondern aus Pflicht zu tun."

> verhoffte Wirkung, der Bestimmungsgrund des Willens ist, das so vorzüglich Gute, welches wir sittlich nennen, ausmachen, welches in der Person selbst schon gegenwärtig ist, die demnach handelt, nicht aber allererst aus der Wirkung erwartet werden darf."[40]

Insofern die reine Form des Gesetzes Bestimmungsgrund des Willens ist, ist dieser Wille also ein guter Wille und bringt als solcher gute Handlungen hervor, Handlungen, die aus Pflicht geschehen.

Der von KANT eingeführte Begriff der Pflicht impliziert den des guten Willens,[41] sodass erst durch die Abgrenzung von Handlungen aus Pflicht gegen nur pflichtmäßige Handlungen der Begriff der Pflicht und somit der des guten Willens bestimmt werden kann. Der Begriff der Pflicht wird dem der Neigung gegenübergestellt, wobei Neigung als die „Abhängigkeit des Begehrungsvermögens von Empfindungen"[42] und Pflicht als „die Notwendigkeit einer Handlung aus Achtung fürs Gesetz"[43] definiert wird. Um eine solche Definition treffen zu können, muss auch hier der Begriff der Würde – wenn dies von KANT an dieser Stelle auch nicht expressis verbis getan wird – mit bedacht werden.

---

40 GMS A 15f.

41 GMS B 8: „Um aber den Begriff eines an sich selbst hochzuschätzenden ... guten ... Willens zu entwickeln, wollen wir den Begriff der *Pflicht* von uns nehmen, der den eines guten Willens, obzwar unter gewissen subjektiven Einschränkungen und Hindernissen, enthält".

42 GMS B 38, Anm.: „Die Abhängigkeit des Begehrungsvermögens von Empfindungen heißt Neigung, und diese beweiset also jederzeit ein *Bedürfnis.*"

43 GMS B14.

„Die *Vorstellung des Gesetzes* an sich selbst, *die freilich nur im vernünftigen Wesen stattfindet,*“[44] macht erst die sittliche Relevanz der Handlungen aus, erst insofern diese Motivation den Willen bestimmt, wird eine von diesem Willen vollzogene Handlung zur Handlung aus Pflicht. Eben hier liegt die dem Menschen zukommende und ihn auszeichnende Würde. Mit dem Begriff der Selbstgesetzgebung sind auch die Begriffe „Sittlichkeit“ und „Würde“ notwendig zur Definition des Begriffs „Pflicht“, mithin zur Abgrenzung der Handlungen aus Pflicht gegen die nur pflichtmäßigen:

> „Denn es hat nichts einen Wert, als der ihm das Gesetz bestimmt. Die Gesetzgebung selbst aber, die allen Wert bestimmt, muß eben darum eine Würde, d.i. unbedingten, unvergleichbaren Wert haben, für welchen das Wort *Achtung* allein den geziemenden Ausdruck der Schätzung abgibt, die ein vernünftiges Wesen über sie anzustellen hat. *Autonomie* ist also der Grund der Würde der menschlichen und jeder vernünftigen Natur.“[45]

b) Die Abgrenzung des kategorischen Imperativs gegen hypothetische Imperative

KANT schreibt nun, wie bereits festgestellt, dem Menschenwürdebegriff eine Abgrenzungsfunktion für den kategorischen Imperativ zu. Drei solcher Imperatative setzt er an und untereilt diese in zwei Gruppen. Generell werden Imperative folgendermaßen von ihm definiert:

---

44 GMS B 15f.
45 GMS B 79.

> „Das Verhältnis der objektiven Gesetze zu einem nicht durchaus guten Willen wird vorgestellt als die Bestimmung des Willens eines vernünftigen Wesens zwar durch Gründe der Vernunft, denen aber dieser Wille seiner Natur nach nicht notwendig folgsam ist. Die Vorstellung eines objektiven Prinzips, sofern es für einen Willen nötigend ist, heißt ein Gebot (der Vernunft) und die Formel des Gebots heißt Imperativ."[46]

Die drei Imperative werden von KANT, wie bereits gezeigt, in zwei Gruppen unterteilt: hypothetische Imperative und kategorische Imperative. Hypothetische Imperative werden von KANT als normative Urteile definiert, welche „die praktische Notwendigkeit einer möglichen Handlung als Mittel, zu etwas anderem, was man will [...], zu gelangen"[47], angeben.

Diese Imperative artikulieren also ein bedingtes Sollen, währenddessen der kategorische Imperativ als Prinzip der Imperative der Pflicht Handlungen unbedingt und notwendig vorschreibt, somit ein unbedingtes Sollen zum Ausdruck bringt. Während hypothetische Imperative durch den zu erreichenden Zweck, der mittelbar durch die Handlung angestrebt wird, begründet sind, ist der kategorische Imperativ unmittelbar durch den Begriff des Zwecks an sich ermöglicht:

---

46 GMS B 37.
47 GMS B 39.

> Gesetzt aber, es gäbe etwas, *dessen Dasein an sich selbst* einen absoluten Wert hat, was, als *Zweck an sich selbst*, ein Grund bestimmter Gesetze sein könnte, so würde in ihm, und nur in ihm allein, der Grund eines möglichen kategorischen Imperativs, d.i. praktischen Gesetzes, liegen.[48]

Insofern ein Dasein als Zweck an sich selbst existierte, wäre der kategorische Imperativ durch die Existenz dieses Daseins begründet. KANT schreibt eine solche Existenzweise jedem vernünftigen Wesen, jedem Menschen, zu:

> „Der Mensch, und überhaupt jedes vernünftige Wesen, *existiert* als Zweck an sich selbst, *nicht bloß als Mittel* zum beliebigen Gebrauche für diesen oder jeden Willen."[49]

Somit hat der Begriff der Menschenwürde auch die Aufgabe bzw. Funktion der Abgrenzung – zugleich auch der Begründung – des kategorischen Imperativs von anderen Imperativen, da der Mensch als ein Wesen, welchem die Qualität der Würde zuzuschreiben ist, Zweck an sich ist: „Was dagegen über allen Preis erhaben ist, mithin kein Äquivalent verstattet, das hat eine Würde."[50]

---

48 GMS B 64.

49 GMS B 64f.

50 GMS B 77. In GMS B 65-67 wird die „vernünftige Natur", die Menschheit in jeder Person, wird der Mensch als Zweck an sich dargestellt.

3. Die relationale Funktion des Begriffs

Der kategorische Imperativ postuliert, dass die Maxime einer Handlung sich widerspruchsfrei als Prinzip einer allgemeinen Gesetzgebung interpretieren lassen muss und darüber hinaus die Person eines jeden vernünftigen Wesens[51] als Zweck an sich betrachten muss, demzufolge dem Anspruch, *„die Menschheit* [...] *jederzeit zugleich als Zweck, niemals bloß als Mittel*"[52] zu gebrauchen, Genüge leisten muss. Damit ist die Bezugnahme jedes vernünftigen Willens auf jeden anderen vernünftigen Willen gefordert, das Reich der Zwecke – im

---

51 Der Begriff „Menschheit" wird in der KANTischen Schrift „Grundlegung zur Metaphysik der Sitten" nicht näher erläutert; wohl aber wird dieser Begriff in der „Kritik der reinen Vernunft" als Idee dargestellt, so etwa in KrV A 317f.: „Aber nicht bloß in demjenigen, wobei die menschliche Vernunft wahrhhafte Kausalität zeigt, und wo Ideen wirkende Ursachen (der Handlungen und ihrer Gegenstände) werden, nämlich in Sittlichem, sondern auch in Ansehung der Natur selbst, sieht Plato mit Recht deutliche Beweise ihres Ursprungs aus Ideen. Ein Gewächs, ein Tier, die regelmäßige Anordnung des Weltbaues (vermutlich also auch die ganze Naturordnung) zeigen deutlich, daß sie nur nach Ideen möglich sind; daß zwar kein einzelnes Geschöpf, unter den einzelnen Bedingungen seines Daseins, mit der Idee des vollkommensten seiner Art kongruiere (so wenig wie der Mensch mit der Idee der Menschheit, die er sogar selbst als das Urbild seiner Handlungen in seiner Seele trägt,) daß gleichwohl jene Idee im höchsten Verstande einzeln, unveränderlich, durchgängig bestimmt, und die ursprünglichen Ursachen der Dinge sind, und nur das Ganze ihrer Verbindung im Weltall einzig und allein ihrer Verbindung jener Idee völlig adäquat sei. Wenn man das Übertriebene des Ausdrucks absondert, so ist der Geistesschwung des Philosophen, von der copeilichen Betrachtung des physischen der Weltordnung zu der architektonischen Verknüpfung derselben nach Zwecken, d.i. nach Ideen, hinaufzusteigen, eine Bemühung, die Achtung und Nachfolge verdient."

52 GMS B 66f.

Sinne von Ideen – begründet.[53] Jedes vernünftige Wesen, insofern es selbstgesetzgebend tätig ist und „*die Menschheit, sowohl*" in der eigenen Person, „*als in der Person eines jeden andern*"[54] als letztgültiges einschränkendes Bedingungsgefüge akzeptiert, seine Handlungen an diesem Bedingungsgefüge ausrichtet, sich also durch die Einbindung in das Reich der Zwecke als ein Wesen erkennt, welchem die Qualität der sittlichen Würde zukommt, muss „aus der Idee der *Würde* eines vernünftigen Wesens"[55] jede seiner Handlungen auf jedes vernünftige Wesen beziehen, weil diesem ebenfalls die Qualität der Würde zukommt. So setzt ein vernünftiges Wesen beständig Relationen, nimmt Bezug auf die anderen Angehörigen des Reiches der Ideen bzw. Zwecke. Eine solche Setzung von Relationen bzw. eine derartige Konstituierung der Welt der Zwecke[56] ist im vorliegenden Argumentationsgang nur durch die Korrelation der Begriffe „Sittlichkeit" und „Würde" und „Reich der Zwecke" möglich. Die relationale Funktion des Würdebegriffs besteht folglich darin, die Bezugnahme des je eigenen Willens auf alle anderen vernünftigen Wesen, denen die Qualität der sittlichen Würde zukommt, zu ermöglichen.

---

53 Vgl. die Identifikation von „Idee" und „Zweck" in KrV A 318.

54 GMS B 66.

55 GMS B 76f.

56 Vgl. SCHAEFFLER, Philosophie, 94: „Die Tätigkeitsformen des Subjekts kommen darin überein, daß sie die Erscheinungswelt bzw. die Welt der Zwecke als einen zeitlich-geschichtlich geordneten Zusammenhang konstituieren."

4. Die motivierende Funktion des Begriffs

Der gute und freie Wille darf nicht durch aposteriorische, materielle Triebfedern motiviert werden, sondern er soll objektiv durch das Gesetz und subjektiv durch reine Achtung gegenüber dem Sittengesetz bestimmt werden. Das praktische Gesetz, welches das vernünftige Wesen sich selbst gibt, muss dem kategorischen Imperativ und dem Prinzip der Menschheit als Zweck an sich Rechnung tragen, wobei letzteres als Bedingung der Möglichkeit des ersteren anzusehen ist. Das Prinzip der Menschheit in jeder Person als Zweck an sich ist durch die Idee der Würde des selbstgesetzgebenden und vernünftigen Subjekts begründet. Sie ist von KANT als Größe angegeben, welche das sittliche Handeln motiviert. „Im Reiche der Zwecke hat alles entweder einen *Preis* oder eine *Würde*“.[57] Während die Größe, welche die Qualität eines Preises hat, durch eine Entsprechung ersetzt werden kann, ist dies bei derjenigen, der die Qualität der Würde verliehen wird, nicht der Fall. Eine solche Größe genießt unbedingten Wert und ist die Bedingung der Möglichkeit eines Zwecks an sich.

> „Nun ist Moralität die Bedingung, unter der allein ein vernünftiges Wesen Zweck an sich selbst sein kann; weil nur durch sie es möglich ist, ein gesetzgebend Glied im Reiche der Zwecke zu sein. Also ist Sittlichkeit und die Menschheit, sofern sie derselben fähig ist, dasjenige, was allein Würde hat.“[58]

Der hier behauptete Zusammenhang zwischen Sittlichkeit und Würde ermöglicht dem vernünftigen Wesen die Selbst-

---

57 GMS B 77.
58 GMS B 77.

gesetzgebung. Der Begriff erfüllt also die oben beschriebene Funktion, indem er die Idee der Würde als Beweggrund sittlichen Handelns deutet, also die Aufgabe, motivierend tätig zu sein, wahrnimmt.

5. Argumentative Fundierung der Begriffsfunktionen

> „Vernünftige Wesen stehen alle unter dem *Gesetz,* daß jedes derselben sich selbst und alle anderen *niemals* bloß als *Mittel,* sondern jederzeit *zugleich als Zweck an sich selbst* behandeln dürfe."[59]

Dieses Prinzip der Menschheit in jeder Person als Zweck an sich ist die Voraussetzung für die Begriffsbildung „Reich der Zwecke". In diesem Reich befindet sich das vernünftige Wesen in einer Doppelrolle sowohl als Untertan als auch als Oberhaupt; weil aber nun das als Untertan zum Reich der Zwecke gehörende vernünftige Wesen nur Untertan des Gesetzes ist, welches es sich als Oberhaupt dieses Reiches bereits selbst gegeben hat, also Anteil hat an dieser allgemeinen Gesetzgebung, die KANT zufolge „allen Wert bestimmt"[60], kommt dieser Person, diesem vernünftigen Wesen nun auch die Qualität der Würde zu.

---

59 GMS A 74f.
60 GMS B 79.

> „Und hierin liegt eben das Paradoxon: daß bloß die Würde der Menschheit, als vernünftiger Natur, ohne irgend einen andern dadurch zu erreichenden Zweck, oder Vorteil, mit-hin die Achtung für eine bloße Idee, dennoch zur unnachläßlichen Vorschrift des Willens dienen sollte, und dass gerade in dieser Unabhängigkeit der Maxime von allen solchen Triebfedern die Erhabenheit derselben bestehe, und die Würdigkeit eines jeden vernünftigen Subjekts, ein gesetzgebend Glied im Reiche der Zwecke zu sein; denn sonst würde es nur als dem Naturgesetze seiner Bedürfnis unterworfen vorgestellt werden müssen."[61]

Würde als sittliche Qualität kommt demzufolge der „Menschheit in jeder Person", der „vernünftigen Natur" des Menschen zu, wobei KANT jedoch einen Widerspruch zwischen der aus der Qualität der Würde resultierenden Apodiktik des Sittengesetzes und dem Fehlen von neigungsgemäßen Triebfedern gegeben sieht, diese aber sogleich auflöst, indem er den Begriff der Autonomie einführt und Moralität als „das Verhältnis der Handlungen zur Autonomie des Willens"[62] definiert. Durch den Bezug zur Selbstgesetzgebung des Willens, welche als Grundlegung der Würde zu sehen ist, wird dieses Paradoxon gelöst, weil der fehlende Antrieb, insofern ich das Prinzip der Selbstgesetzgebung als sittliches Postulat einführe, nicht mehr als Mangel bzw. Defekt interpretiert werden darf.

Die Auflösung der scheinbaren Antinomie zeigt uns zugleich die argumentativen Grundlegungen bzw. die Voraussetzungen des Begriffs „Würde" in Beziehung zum Begriff „Sittlichkeit". Erst die Annahme des Prinzips der Menschheit in jeder

---

61 GMS B 84f.
62 GMS B 85.

Person als Zweck an sich ermöglicht durch Aufzeigen des Inhalts und der Funktion des Terminus „Reich der Zwecke“ das Einordnen des Würdebegriffs, zeigt zugleich dessen Grundlegungen auf und fundiert somit die dargestellten drei Funktionen, welche der Begriff in je verschiedenem Kontext wahrnimmt.

Indem durch Einbringen des Prinzips der Menschheit in jeder Person als Zweck an sich auf die Autonomie des Willens als dem höchsten Prinzip der Sittlichkeit verwiesen wird, ist die Grundlage des Begriffs der Menschenwürde aufgezeigt und eine Darstellung der Grundlegung des Begriffs gefordert.

6. Grundlegung des Menschenwürdebegriffes

1. Autonomie als Grundlegung der Würde

> „Die Würde der Menschheit besteht eben in dieser Fähigkeit, allgemein gesetzgebend, obgleich mit dem Beding, eben dieser Gesetzgebung zugleich selbst unterworfen zu sein."[63]

Das Postulat, allgemein gesetzgebend tätig zu sein, ist durch den kategorischen Imperativ gestellt, wobei dieser eine mögliche Formulierung des Sittengesetzes ist, welches fordert, dass die Maxime des guten und freien Willens zu einer allgemeinen Gesetzgebung tauglich sein soll. Als Angehöriger des Reiches der Zwecke darf sich der Mensch sowohl als Untertan als auch als Oberhaupt des Reiches begreifen, weil er – bedingt durch das Prinzip der Menschheit in jeder Person als Zweck an sich – nicht nur dem Sittengesetz unterworfen ist, sondern dieses Gesetz auch selbst schafft:

> „Als Gesetz sind wir ihm unterworfen, ohne die Selbstliebe zu befragen; als uns von uns selbst auferlegt ist es doch eine Folge unseres Willens, und hat in der ersten Rücksicht Analogie mit Furcht, in der zweiten mit Neigung."[64]

Weil nun der Bedingung der Möglichkeit des Zwecks an sich Würde zugesprochen wird, vermag KANT der Sittlichkeit und Menschheit, „sofern sie derselben fähig ist",[65] diese Qualität zuzuschreiben.

---

63 GMS B 87.
64 Vgl. GMS B 17.
65 GMS B 77.

> „Die Gesetzgebung selbst aber, die allen Wert bestimmt, muss eben darum eine Würde, d.i. unbedingten, unvergleichbaren Wert haben, für welchen das Wort *Achtung* allein den geziemenden Ausdruck der Schätzung abgibt, die ein vernünftiges Wesen über sich anzustellen hat. *Autonomie* ist also der Grund der Würde der menschlichen und jeder vernünftigen Natur."[66]

Die Autonomie als Beschaffenheit des Willens, Maximen der eigenen Handlungen als je allgemein gesetzgebend konzipieren zu können, hat den kategorischen Imperativ zum Prinzip und drückt die Freiheit des vernünftigen Wesens aus, indem diese Qualität jedes vernünftige Wesen zum Gesetzgeber im Reich der Zwecke werden lässt. Die Beschaffenheit bzw. Qualität der Autonomie wird deshalb von KANT zum „obersten Prinzip der Sittlichkeit"[67] erklärt, weil sich hier die Unabhängigkeit von Objekten einerseits und die Fähigkeit zur Selbstfestlegung andererseits mani-festiert. Diese Grundlegung der Menschenwürde wird zum einen von dem von KANT geschilderten Zusammenhang zwischen Sittlichkeit und Würde geleistet:

> „Was sich auf die allgemeinen menschlichen Neigungen und Bedürfnisse bezieht, hat einen *Marktpreis*; das, was, auch ohne ein Bedürfnis vorauszusetzen, einem gewissen Geschmacke, d.i. einem Wohlgefallen am bloßen zwecklosen Spiel unserer Gemütskräfte, gemäß ist, einen *Affektionspreis;* das aber, was die Bedingung ausmacht, unter der allein etwas Zweck an sich selbst sein kann, hat nicht bloß einen relativen Wert, d.i. einen Preis, sondern einen innern Wert, d.i. Würde. Nun ist Moralität die Bedingung, unter der allein ein vernünftiges Wesen Zweck an sich selbst sein kann; weil nur durch

---

66 GMS B 79.

67 GMS B 87.

> sie es möglich ist, ein gesetzgebend Glied im Reiche der Zwecke zu sein. Also ist Sittlichkeit und die Menschheit, sofern sie derselben fähig ist, dasjenige, was allein Würde hat.[68]

Zum anderen wird diese Grundlegung von der „Beschaffenheit des Willens, dadurch derselbe ihm ein Gesetz ist",[69] geleistet, was KANT auch mit dem Terminus *Autonomie* benennt.

2. Spontaneität als Grundlegung der Menschenwürde

Der Mensch ist frei, weil er mit der Last der Verantwortung geboren ist, aber aufgrund seiner Vernunftbegabung ist er zugleich in der Lage, Antworten für die gesamte Menschheit zu finden. Freiheit denkt KANT jedoch auf eine spezifische Weise, da er zwischen den beiden von ihm eingeführten Welten unterscheiden muss:

> „Der *Wille* ist eine Art von Kausalität lebender Wesen, so fern sie vernünftig sind, und *Freiheit* würde diejenige Eigenschaft dieser Kausalität sein, da sie unabhängig von fremden sie *bestimmenden* Ursachen wirkend sein kann."[70]

KANT denkt die Kausalität seines eigenen Willens stets unter der Idee der Freiheit als der Unabhängigkeit von Gesetzen der Sinnenwelt bei gleichzeitiger Festlegung der eigenen Person durch diese. Indem er auf diese Weise zwischen Sinnenwelt und Verstandeswelt unterscheidet[71] und somit Spontaneität beweist, ermöglicht er den kategorischen Imperativ und weist die Möglichkeit und Grenze der Selbstgesetzgebung auf:

---

68 GMS B 77.
69 GMS B 87.
70 GMS B 94.
71 Vgl. GMS B 108f.

> „Nun findet der Mensch in sich wirklich ein Vermögen, dadurch er sich von allen andern Dingen, ja von sich selbst, so fern er durch Gegenstände affiziert wird, unterscheidet, und das ist die Vernunft. [...] Die Vernunft unter dem Namen der Ideen ... zeigt ... eine so reine Spontaneität ..., daß sie dadurch weit über alles, was ihr Sinnlichkeit nur liefern kann, hinausgeht, und ihr vornehmstes Geschäfte darin beweiset, Sinnenwelt und Verstandeswelt von einander zu unterscheiden.[72]

Insofern die Idee der Würde des vernünftigen Wesens durch die Zugehörigkeit zum Reich der Zwecke und somit durch die Beschaffenheit des menschlichen Willens, selbstgesetzgebend tätig zu sein, fundiert ist, muss Spontaneität als Grundlegung des Würdebegriffs verstanden werden, weil nur durch diese Begabung des Vernunftwesens zwischen Verstandes- und Sinnenwelt unterschieden werden kann. Eine solche Unterscheidung ist notwendig, um den Imperativ als „Sollen" bezeichnen, dem Gesetz die Gesetzhaftigkeit zusprechen zu können. Jene Gesetzhaftigkeit wäre dem Gesetz nicht mehr zuzusprechen, wenn der Mensch allein „Glied der Verstandeswelt" wäre, weil alsdann unser „Wollen" vollständig mit dem geforderten „Sollen" übereinstimmen würde. Auch als Glied der Sinnenwelt verstünde der Mensch den Begriff „Gesetz" nicht mehr, weil alle seine Handlungen durch das „Naturgesetz der Begierde und Neigungen"[73] vorgenommen werden würden. In beiden Fällen also könnte nicht mehr von Würde gesprochen werden, da der Mensch dann nicht mehr Urheber des Gesetzes, dem er zugleich unterliegt, wäre. Somit ist die Unterscheidung zwischen Sinnen- und Verstan-

---

72 GMS A 108f.

73 GMS A 110f.

deswelt konstitutiv für den Begriff der Würde, Spontaneität demzufolge eine Grundlegung.

7. Zusammenfassende Darstellung

Der von KANT zum Ausdruck gebrachte Zusammenhang zwischen Sittlichkeit und Würde[74] und seine weiteren Ausführungen zeigen ein möglicherweise überraschendes Bild; die Analyse der Begriffsfunktion ergab, dass sittliches Handeln erst aus der „Idee der Würde eines vernünftigen Wesens" erfolgt, welches „keinem Gesetze gehorcht, als dem, das es zugleich selbst gibt."[75] Die Idee der Menschenwürde motiviert die Bezugnahme des Willens eines vernünftigen Wesens auf jedes andere vernünftige Wesen und ermöglicht somit sittliches Handeln.

Die Qualität der Würde kommt jedoch nur der Menschheit in jeder Person als Zweck an sich zu, wie ich oben dargelegt habe. Erst dieses Prinzip fundiert die aufgezeigten Begriffsfunktionen und klärt, dass Würde lediglich dem Gesetzgeber im Reich der Zwecke zukommen kann, weil nur durch den Anteil an der allgemeinen Gesetzgebung, der dem Menschen als Oberhaupt im Reich der Zwecke zu-kommt, diesem auch Würde zugesprochen werden kann:

74 Vgl. GMS B 77.
75 GMS B 76f.

> „Was die Bedingung ausmacht, unter der allein etwas Zweck an sich selbst sein kann, hat nicht bloß einen relativen Wert [...], sondern [...] Würde.“[76]

Weil Moralität eine solche Bedingung ist, da sie gewährleistet, dass das vernünftige Wesen Gesetzgeber im Reich der Zwecke sein kann, kommt der Menschheit in jeder Person sittliche Würde zu. Zugleich zeigt das Prinzip der Menschheit in jeder Person als Zweck an sich die Grundlegung der Begriffe „Sittlichkeit“ und „Menschenwürde“ auf, die von mir als Autonomie und Spontaneität benannt wurden. Diese beiden Grundlegungen machen gemeinsam sittliche Freiheit als Tätigkeitsform der praktischen Vernunft aus.[77]

Insofern der Mensch allgemein gesetzgebend tätig ist, als Autonomie zeigt und in dieser selbstgesetzgebenden und dadurch allgemein verbindlichen Tätigkeit zwischen der intelligiblen Welt und der Sinnenwelt unterscheidet, also Spontaneität beweist, muss ihm Würde zugesprochen werden. Diese darf sittlich genannt werden, weil eine solche Würde dem Menschen zukommt, insofern dieser ein mit praktischer Vernunft begabtes, ein sittliches Wesen ist.

---

76 GMS B 77.

77 Vgl. SCHAEFFLER, Philosophie, 94.

III. Die Achtung der Menschenwürde in den Massenmedien

Wie eingangs erwähnt, scheint der Begriff der Menschenwürde insbesondere in medienethischen Diskussionen seit einigen Jahren zunehmend vielfältiger definiert zu sein; dies hat sich wohl auch auf das heutige Verständnis der Würde des Menschen in den deutschen Massenmedien ausgewirkt, finden sich in der Spruchpraxis des DEUTSCHEN PRESSERATES doch ethischer und rechtlicher Begriff der Menschenwürde oftmals nebeneinander. Ich werde daher anhand der Spruchpraxis des DEUTSCHEN PRESSERATES den „massenmedialen" Würdebegriff analysieren, da diese Institution als Spruchkammer mit ihren Sprüchen einen tiefen Einblick in den „moralischen Grundwasserspiegel" der Medienschaffenden bietet. Ich habe hierzu Sprüche des DEUTSCHEN PRESSERATES der Jahre 1985 bis 2015 mit Bezug auf die Verletzung der Menschenwürde beziehungsweise der Allgemeinen Persönlichkeitsrechte untersucht und dabei bewertet, inwiefern der KANTische Begriff konsistent richtig angewandt, inflationär gebraucht, sinnentlehrt oder aber von einem juristischen Begriff der Menschenwürde aufgesogen oder gar überlagert wurde.

Zunächst werde ich jedoch klären, mit welchem Gegenstand sich die journalistische Professionsethik als Individualethik befasst. Da der Medienbegriff jedoch zunehmend diffuser definiert zu werden scheint, werde ich mich eines Begriffes der modernen Rhetoriktheorie bedienen, der zumindest im professionsethischen Kontext erhebliche definitorische Vorzüge in sich birgt.

1. Gegenstand der Medienethik

Die Medienethik als spezielle Ethik scheint sich eines Medienbegriffes zu bedienen, den sie nicht selbst zuvor entworfen hat; gelegentlich können daher sich vermeintlich widerstreitenden Positionen und Ansätze, besonders bezogen auf die Frage nach dem Gegenstand der Medien-ethik, lediglich unterschiedliche Medienbegriffe zugrunde liegen. Allein die oftmals fehlende Trennschärfe zwischen Medien- und Kommunikationsethik deutet ja bereits an, dass definitorische Lücken keine Seltenheit sind.

Bevor ich mich also eingehend mit der Menschenwürde in den Massenmedien befasse, soll zunächst geklärt werden, mit welchem Gegenstand sich die Medienethik überhaupt beschäftigt. Im umgangssprachlichen Verständnis scheint dies auf den ersten Blick schnell geklärt zu sein, tatsächlich verbergen sich hinter dem Begriff *Medium* gewaltige Untiefen; bereits bei der Frage, was denn nun ein Medium sei, scheiden sich die Geister, erst recht, wenn es um konkrete Kommunikationstheorien geht – ein Rhetoriktheoretiker ginge selbstverständlich von anderen Prämissen aus, als es ein Medientheoretiker oder ein Soziologe wohl täte. Ich werde in diesem Kapitel daher die Diskussionen um den Medienbegriff insbesondere in Medienwissenschaft und Rhetorik zunächst kursorisch darstellen; da den Medienbegriffen der beiden Disziplinen auch meist unterschiedliche Kommunikationstheorien zugrunde liegen, werde ich Modelle aufzeigen, die zwar beide Disziplinen übernommen haben, dies aber stets fachspezifisch. Mit diesem Fundament gewappnet, werde ich anschließend den Medienbegriff beleuchten. Hierbei suche ich nach einem Begriff, der einerseits der Aufgabe und Funktion der Medienethik als „Ethik der Massenkommunikation" mit ihren konkreten Fragestellungen gerecht wird, zugleich aber der medialen Realität möglichst entspricht. Beides scheint meines Erachtens mit dem Medienbegriff des Tübinger Rhetorikers Joachim KNAPE gelungen zu sein, da er mit seinem holistischen Medienbegriff die unterschiedlichsten Arten von Medien beschreiben kann und zugleich Massenmedien als Distanzkommunikation erklärt werden können. Dieser Begriff bietet zudem den Vorzug, dass er die Frage nach dem Akteur bereits impliziert, daher jedoch auch lediglich individualethisch sinnvoll anwendbar scheint.

1. Kommunikationstheorien

In Bezug auf Kommunikationstheorien werden die systematischen Differenzen zwischen Medienwissenschaft und der Rhetorik besonders deutlich; widmet sich die eine Disziplin allgemeinen Kommunikationstheorien, so befasst sich die Rhetoriktheorie ausschließlich mit speziellen Kommunikationsmodellen, die stets einen konkreten Kommunikator mit seinen Zielen und Handlungen im Blick hat. KNAPE beschreibt dies beinahe lyrisch:

> „Die Rhetoriktheorie interessiert sich nicht für den Kommunikator in Hinblick auf seine Rolle als Mitspieler im Konzert der kommunikativen Welt, sondern in Hinblick auf seine Rolle als Solist oder Dirigent, falls er den Taktstock ergreifen sollte. Sie ist mithin keine allgemeine Kommunikationstheorie, sondern eine spezielle. Ihre Perspektive ist ausschließlich die strategische Kommunikation des Menschen."[78]

Um diesen Unterschied, der sich meines Erachtens auch auf den Medienbegriff auswirkt, zu verdeutlichen, werde ich zunächst drei Theorien knapp darstellen, die sowohl kommunikationswissenschaftlich wie auch rhetoriktheoretisch gewendet werden können – und es auch wurden. Auf diese Weise dürfte der kleine, aber mit Sicherheit bedeutende Unterschied zwischen beiden Theorieansätzen und den damit zusammenhängenden Medienbegriffen deutlicher werden.

a) Aristoteles

Kommunikationstheorien sind so alt wie das philosophische Nachdenken über sprachphilosophische Probleme. Es mag daher kaum verwundern, dass bereits ARISTOTELES in seiner *Rhetorik* ein Modell beschrieben hat, welches als Prototyp des *strategischen Kommunikators* gelten könnte.[79] Das aristotelische Kommunikationsmodell befasst sich mit „dem Redner, dem Gegenstand, über den er redet, sowie jemandem, zu dem er redet, und seine Absicht zielt auf diesen."[80] ARISTOTELES benennt hier also drei Grundelemente für Kommunikation: Kommunikator, Redegegenstand und Rezipient. Dieses Grundmodell findet sich in abgewandelter Form als Grundkonstante in jedem der nachfolgend dargestellten Modelle,

---

78 Joachim KNAPE, Was ist Rhetorik?, Stuttgart 2000, 34.

79 In der Rhetoriktheorie wird die Oratortheorie gerne herangezogen, um zwischen strategischer und allgemeiner Kommunikation zu unterscheiden. Der *rhetorische Fall*, mit dem sich die sogenannte Fundamentalrhetorik auseinandersetzt, ist erst dann gegeben, wenn der Kommunikator mit seinem Sprechakt ein Ziel verfolgt; dieser strategisch handelnde Kommunikator wird dann in der Rhetoriktheorie als *Orator* bezeichnet. Vgl. KNAPE, Rhetorik, 64 – 66, aber auch 35f.

80 ARISTOTELES, Rhetorica I, 3, 1358a55.

jedoch erweist sich Aristoteles an einem Punkt als Rhetoriker und eben nicht als Medienwissenschaftler; oben zitierte Definition endet folgendermaßen: „und seine Absicht zielt auf diesen.“[81] Das aristotelische Modell beschreibt also strategische Kommunikation als Grundrahmen von Kommunikation.[82] Diese Nuance wird sich bei späteren Modellen als der entscheidende Unterschied zwischen der medienwissenschaftlich-allgemeinen und der rhetorisch-speziellen Kommunikationstheorie erweisen: Die rhetorische Perspektive behandelt „ausschließlich die strategische Kommunikation des Menschen.“[83] Insofern stellt ARISTOTELES hier ein Modell zur Verfügung, das rein aus der Sicht des *Orators* argumentiert und diesem als Werkzeug dienen soll.

b) Lasswell

HAROLD DWIGHT LASSWELL gab bereits 1946 mit weiteren Autoren ein Handbuch zur Propaganda- und Kommunikationsanalyse heraus. 1948 zeigte er einen „bequemen Weg“ der Beschreibung des Kommunikationsaktes und der Medienwirkung durch Beantwortung folgender Fragen: „Wer sagt was auf welchem Kanal zu wem mit welcher Wirkung?“[84]

---

81 Ebd.

82 KNAPE definiert diesen Rahmen als *Basis-Setting*, vgl. KNAPE, Rhetorik, 64 – 66.

83 KNAPE, Rhetorik, Stuttgart 2000, 34.

84 Harold Dwight LASSWELL, The Structure and Function of Communication in Society, in: L. Bryson (ed.), The Communication of Ideas, New York 1948, 39: «Who says what in which channel to whom with what effect?» Übers. d. Verf.

LASSWELL nutzt hier also die erweiterten fünf Grundfaktoren Kommunikator, Inhalt, Kanal, Rezipient, Wirkung und kann dadurch aufzeigen, wo Fehler in einem bestimmten Kommunikationsprozess auftreten. Dieses Modell wirkt im wahrsten Sinne recht einfach, man könnte LASSWELL sogar behavioristische Tendenzen unterstellen, denn in der Tat stechen Parallelen zum Stimulus-Response-Modell ins Auge; VON ROSENSTIEL ergänzt daher diese fünf Faktoren um zwei weitere: Kommunikationssituation und Metakommunikation.[85] Die Kommunikationssituation bedarf wohl keiner näheren Erläuterung, als *Setting* hat sie ja bereits Eingang in die Rhetoriktheorie gefunden, mit Metakommunikation bezeichnet VON ROSENSTIEL nun all jene gestischen, mimischen und anderen „Hilfsmittel", die den Text entweder zustimmend begleiten oder etwa negieren; auch diese Faktoren können zu „Übertragungsfehlern" führen. LASSWELL beschreibt in seinem Modell nicht direkt ein Medium, sondern unterscheidet zwischen Inhalt und Kanal, er hat hier wohl den Übertragungsgedanken, die Transmission einer Botschaft vor Augen, die – je nach Kanal – besser oder schlechter übertragen werden kann. Doch während die Medienwissenschaft sich auf die Effekte konzentriert, geht die Rhetoriktheorie von der Überzeugung aus, dass bei der menschlichen Kommunikation kein Stimulus-Res-ponse-System vorliegt. Es existiert somit keine Sicherheit für ein erfolgreiches Erreichen des Telos, also dem gewünschten Effekt, sondern nur eine Wahrscheinlichkeit dafür. Bei dieser gekoppelten Betrachtung des „Wer" mit der „Wirkung" wird schnell deutlich, wie undurchsichtig die Lage bei Massenmedien werden kann. Während etwa ein Zeitungsartikel von einem einzelnen Autoren verfasst wird und damit der einzig denkbare Orator ist, wird dies bei anderen Medien

85 Vgl. Lutz VON ROSENSTIEL, Grundlagen der Organisationspsychologie, Basiswissen und Anwendungshinweise, Stuttgart ^{3}1992, 296.

durchaus komplizierter, ein klar erkennbarer Orator wird somit durch einen Oratoren-Komplex abgelöst. Mehrere Autoren arbeiten nun an einem Artikel, einem Film oder einem Hörfunkbeitrag und unterstehen den Produzenten. Dennoch ist ein klar rhetorisches Ziel denkbar. Bei diesen kann man von einem klassisch rhetorischen Fall ausgehen, wobei

> „ein Sprecher das Zertum (seine innere Gewissheit) gefunden hat, es zu seinem Anliegen macht, mit oratorischem Impetus hervortritt und ihm mit seinem Ego autem dico [...] aktiv Geltung verschaffen will".[86]

Es steht somit aus rhetorischer Sicht die Vermittlung eines Gedankens (Metabolie) und die Verankerung desselbigen (Systhase) im Vordergrund, klar rhetorische Anliegen, die den Journalisten als strategischen Kommunikator und somit als Orator auszeichnen.

c) Shannon und Weaver

SHANNON und WEAVER haben ein eher mathematisch-technisches Modell zum Aufspüren von Übertragungsfehlern entworfen – Parallelen zu LASSWELLS Modell lassen sich kaum leugnen. Ihr Modell beinhaltet allerdings sechs Elemente: die Informationsquelle, die Verschlüsselung, die Botschaft, den Kanal, die Entschlüsselung und den Empfänger. Sender und Empfänger müssen in diesem Modell als Mikrofon und Lautsprecher bzw. Kamera und Bildschirm interpretiert werden, die die Botschaft in ein elektrisches Signal um- und wieder dekodieren, der Kanal wäre – in diesem Fall – das Kabel,

---

86 Knape, Rhetorik, 76.

Orator und Rezipient werden in diesem Modell lediglich als Informationsquelle und Informationsziel dargestellt:

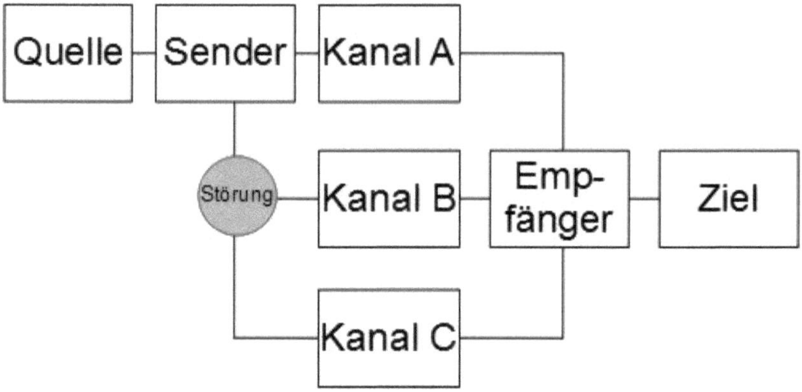

SHANNON und WEAVER entwickelten dieses Modell für das Telefon; eine amerikanische Telefongesellschaft hatte sie damit beauftragt, die Störanfälligkeit des Telefonnetzes zu untersuchen, und interessanterweise wurde dabei generell der Übertragungskanal als mögliches Hauptproblem erkannt, wenngleich auch jedes einzelne Glied dieses Modells bereits für sich allein genommen zumindest die Potenz der Störanfälligkeit besitzt – besonders spannend, da in ihrer Untersuchung verschiedene Kanäle mit gleichbleibenden Sendern und Empfängern geprüft wurden.

SHANNON und WEAVER definierten daher die Güte des Kanals als möglichst große Abwesenheit von Störgeräuschen, anders gesagt, je stärker die Störgeräusche zunehmen, desto geringer wird die Informationsmenge beim Empfänger und desto größer die Entropie. Dieses Modell nimmt die einzelnen Glieder des Kommunikationsprozesses aus nachrichtentechnischer Perspektive verstärkt in den Blick. Es trug wohl auch zu einem Wechsel des Blickwinkels auf Kommunikation allgemein bei. McLuhan kritisierte an diesem Modell diesen Ansatz der mathematischen Berechenbarkeit von Kommunikation, da es Elemente wie Metakommunikation, kommunikativen Rahmen und Inhalt der Nachricht vollkommen außer Acht ließ.[87] Shannon selbst räumt diese Schwäche des Modells ein, die für ethische Untersuchungen notwendige Nachricht selbst wird kaum berücksichtigt und die bloße Informationsmenge sagt keineswegs etwas über deren Gehalt aus:

> „Tatsächlich können zwei Nachrichten, von denen eine von besonderer Bedeutung ist, während die andere bloßen Unsinn darstellt, in dem von uns gebrauchten Sinn genau die gleiche Menge an Information enthalten."[88]

Entscheidend ist in diesem Modell vielmehr die Absicht, die Übertragungswege effizienter zu nutzen, dass bedeutet konkret, dass die kodierte Information auf dem jeweils gewählten Kanal möglichst nicht gestört oder verzerrt wird – oder gar völlig verloren geht – sondern, immer gemessen an den Grenzen der Leistungsfähigkeit der gewählten technischen Mittel – möglichst verlustarm, am besten natürlich vollkommen verlustfrei beim Rezipienten ankommt.

---

87 Vgl. Herbert Marshall McLuhan, Bruce R. Powers, The Global Village. Transformations in the 21st Century, New York 1989, 75: „The basis of all comtemporary Western theories of communication – the Shannon Weaver model – is a characteristic example of left-hemisphere linear bias. It ignores the surrounding environment as a kind of pipeline model of a hardware container for software content."

88 Claude E. Shannon, Mathematische Grundlagen der Informationstheorie, München 1976, 16.

2. Medienbegriff

Von diesen Kommunikationsmodellen ausgehend, werde ich nun den Medienbegriff beleuchten und einen meines Erachtens für medienethische Ansätze geeigneten Begriff vorstellen.

Umgangssprachlich werden alle möglichen Gerätschaften als Medien bezeichnet, Gelegentlich fallen selbst Uhren, elektrisches Licht und Fahrräder unter einen diffusen Medienbegriff.[89] Dieser Medienbegriff scheint mir jedoch zu unspezifisch für das, was mit dem Begriff *Massenmedium* bezeichnet wird. Gut stellt daher BURKHARDTS Medienbegriff die gesamte Problematik aus kommunikationswissenschaftlicher Sicht dar:

> „Das Medium ist das Ausdrucksmittel der kommunikativen Aktivität; es stellt die materielle Hülse für die zunächst immateriellen Bedeutungsinhalte bereit; erst mit seiner Hilfe wird es überhaupt möglich, dass Bedeutungen mit(einander)-geteilt werden können."[90]

BURKHARDT vertritt hier wohl die mediale Container-Theorie, die Medien gewissermaßen als eine Art Informationsübertragungsvehikel auffasst.[91] Zwar geht er dabei vor allem von

---

89 Vgl. etwa Herbert Marshall MCLUHAN, Understanding Media. The Extensions of Man, Cambridge/Mass., London 1999, 12. MCLUHAN bezeichnet das gesprochene oder geschriebene Wort, Geld, Uhren, Comics und zahlreiche andere Dinge als Medien; auffällig ist hier vor allem die Tautologie, die in seinem Modell deutlich wird: Das Medium wäre dann das Medium, das wiederum Medien gebiert; dieser Medienbegriff scheint mir jedoch für die ausgeführte Medienproblematik in der Rhetoriktheorie wenig geeignet.

90 BURKHART, Kommunikationswissenschaft, Stuttgart 1998, 35.

91 Vgl. BECK, Kommunikationswissenschaft, Konstanz 2007, 17.

materiellen Informationsträgern, etwa der Tageszeitung, aus, seine These lässt sich jedoch ohne größere Schwierigkeiten auch auf immaterielle Informationsträger ausweiten. Entscheidend ist, im Modell von SHANNON und WEAVER gedacht, dass Sender und Empfänger sowie Kommunikator und Rezipient über „gemeinsame Ausdrucksmittel“[92] verfügen, damit die „Nachricht“ überhaupt erfolgreich kodiert und dekodiert werden kann. BECK sieht jedoch erhebliche Mängel in der Container-Theorie, vor allem bezogen auf die Darstellung des Kodier- und Dekodierprozesses.[93] Ihm scheint die Container-Theorie, zumindest insofern sie als allgemeine Theorie zu verstehen ist, zu kurz zu greifen:

> „Wenn die Transportmetapher ... der Kommunikation zutreffen ... würde, dann müsste jeder Empfänger demselben Container [...] auch dieselben Informationen entnehmen können.“[94]

Scheinbar widersprechen sich BECK und BURKHART an diesem Punkt, allerdings trifft BECKS Kritik möglicherweise auf andere, jedoch nicht auf BURKHARTS Verständnis von Medien als Transportvehikel zu. Deutlich wird dies in BECKS folgenden Ausführungen: „Information und Bedeutung sind in der Humankommunikation [...] nicht dasselbe“.[95] Offenbar bezieht sich seine Kritik nicht auf BURKHARTS Medienbegriff, sondern auf einen übersteigerten Gebrauch der Transportmetapher,

---

92 BURKHART, Kommunikationswissenschaft, 36.

93 Vgl. BECK, Kommunikationswissenschaft, 17f. Zumindest fasst BECK die Container-Theorie als «klassisch» und somit in seinen Augen als veraltet auf. Mir erscheint sie hingegen als durchaus aktuell, wenngleich BURKHARTS These der «gemeinsamen Ausdrucksmittel» (vgl. BURKHART, Kommunikationswissenschaft, 35-37) für meinen Geschmack nun doch ein wenig zu weit geht.

94 BECK, Kommunikationswissenschaft, 21.

95 Ebd.

unterscheidet ja gerade BURKHARDT doch zwischen Bedeutung und Bedeutungsinhalt.[96]

Die Rhetoriktheorie ging nun lange Zeit von einem anderen kommunikativen Grundrahmen und damit einhergehend von einem anderen Medienbegriff aus, wie bereits kurz im im aristotelischen Kontext angerissen. KNAPE etwa definiert das Medium nicht als materiellen oder immateriellen Informationsträger, sondern als „Speicher und Sender" von Text, weitere Differenzierungen nimmt KNAPE nicht vor. Im „ursprünglichen" rhetorischen Grundrahmen wird von „einer auf einen Ort konzentrierten Face-to-face-Beziehung" zwischen Kommunikator und Rezipient ausgegangen, der Kommunikator befindet sich in einer kommunikativen Situation, daher „fungiert ... sein Körper in der Kommunikation als Medium."[97] Der *Orator* als strategischer Kommunikator ist in diesem Fall zugleich Speicher und Sender seines eigenen Textes.

Bei – zumindest körperlicher – Abwesenheit des Kommunikators muss ein zweiter kommunikativer Rahmen angenommen werden, da hier der Rahmen der Kommunikation von Angesicht zu Angesicht nicht mehr gegeben ist. Um auch heutige, nicht in dieses situative Schema passende Kommunikation analysieren zu können, muss ein zweiter Grundrahmen angenommen werden, der mit dem oben genannten Medienbegriff kompatibel ist. In der Rhetoriktheorie wird hier von dimissiver Distanzkommunikation gesprochen. KNAPE bietet hier eine Definition dieses zweiten Falles an, er

96 Vgl. vor allem BURKHART, Kommunikationswissenschaft, 37.

97 KNAPE, The Medium is the Massage? Medientheoretische Anfragen und Antworten der Rhetorik, in: Ders. (Hg.), Medienrhetorik, Tübingen 2005, 17 – 39, hier: 30.

spricht hier von den Fall der kommunikativen Situation überschreitenden Kommunikation, die für den *Orator* allerdings erhebliche Vorteile mit sich bringt:

> „Der positive Effekt besteht bei der Dimission für den Orator darin, dass sein Text per situationsüberschreitender Distanzkommunikation mit Hilfe externer Medien (Bote, Brief, Online-Medien usw.) über Raum und Zeit hinweg gesendet werden kann, ohne dass er selbst noch bei diesem Teil des Kommunikationsprozesses als Speicher und Sender operativ tätig sein muss.“[98]

Entscheidend für meine Bevorzugung des KNAPEschen Medienbegriffes ist die *Oratorzentrierung* seiner Theorie: jedes Medium, jeder „Text“ kennt einen Urheber oder auch ein Autorenkollektiv, das ein bestimmtes Interesse verfolgt. Auch der DEUTSCHE PRESSERAT sieht mit seinen, die *Publizistischen Grundsätze* ergänzenden und auslegenden *Richtlinien für die publizistische Arbeit nach den Empfehlungen des Deutschen Presserats* den jeweiligen Publizisten zunächst in der Verantwortung und versteht den Pressekodex somit als kodifizierte Berufsethik. Mit dem KNAPEschen Medienbegriff ist – zumindest für professions-ethische Ansätze – der Akteur mit dem Autoren identisch. Hierbei muss keine Rücksicht auf format- oder kanalspezifische Besonderheiten des Mediums, keine Rücksicht auf kommunikative Situation oder Dimission genommen werden, da für die medienethische Untersuchung nur die „Textur“ dieses Mediums relevant ist, insofern KNAPES Textbegriff Anwendung findet.

---

98 KNAPE, Medium, 30.

FUNIOK unterscheidet jedoch weit stärker, als KNAPE dies tut, zwischen verschiedenen Akteuren, hier werden einerseits die Medienschaffenden im individualethischen Kontext unterschieden von den Besitzern und Betreibern von Massenmedien im organisationsethischen Kontext.[99] Hiervon abgehoben sieht FUNIOK auch die Mediennutzer in der Verantwortung, dies jedoch in erheblich abgeschwächter Form.[100]

Für den DEUTSCHEN PRESSERAT und seine Sprüche sind die erstgenannten Akteure und Handlungsebenen von besonderem Interesse, besonders in solchen Fällen, in denen der Akteur und das Publikationsorgan nicht identisch sind und der Orator kein Medienschaffender im Sinne des Pressekodex ist. Aber auch mit diesen Fällen hat sich der Deutsche Presserat befasst und mit einer interessanten Rekonstruktion den Akteur und somit den Orator dezidiert von der Redaktion abgehoben.

2. Die Publizistischen Grundsätze als journalistische Berufspflicht

Der DEUTSCHE PRESSERAT orientiert seine Spruchpraxis an den *Publizistischen Grundsätzen*. In der Präambel der Fassung von 2007 richten sich diese Grundsätze, auch Pressekodex genannt, an alle im Pressebereich tätigen, dies schließt Verleger, Herausgeber und Journalisten ein und fordert von ihnen

---

99 Vgl. Rüdger FUNIOK, Handlungsebenen und Begründungen. Verantwortliche Medienerstellung und Mediennutzung, in: Günter Kruck, Veronika Schlör (Hg.), Medienethik - Medienphilosophie. Zwei Tagungen - Eine Dokumentation, Frankfurt am Main 2003, 99 - 116, hier: 105.

100 Vgl. FUNIOK, Handlungsebenen, 105 - 107.

eine allgemeine Einhaltung.[101] Diese Grundsätze bilden, gemeinsam mit den *Richtlinien für die publizistische Arbeit nach den Empfehlungen des Deutschen Presserats*, eine Art Ausformulierung und Kodifizierung des journalistischen Berufsethos:

> „Die publizistischen Grundsätze konkretisieren die Berufsethik der Presse. Sie umfasst die Pflicht im Rahmen der Verfassung und der verfassungskonformen Gesetze das Ansehen der Presse zu wahren und für die Freiheit der Presse einzustehen."[102]

Dieses Berufsethos bedarf eines Wertes, der den Medien Sinn und Zweck und der Medienethik einen Ausgangs- und Bezugspunkt gibt.[103] Dieser ist in der ersten Ziffer des Pressekodex' zusammengefasst; die Ziffer stellt gewissermaßen die grundlegenden Normen des journalistischen Berufsethos zusammen und kann somit als oberstes Prinzip für die weiteren Ziffern angesehen werden:

> „Die Achtung vor der Wahrheit, die Wahrung der Menschenwürde und die wahrhaftige Unterrichtung der Öffentlichkeit sind oberste Gebote der Presse. Jede in der Presse tätige Person wahrt auf dieser Grundlage das Ansehen und die Glaubwürdigkeit der Medien."[104]

---

101 Vgl. DEUTSCHER PRESSERAT, Jahrbuch 2007, Konstanz 2007, 197.

102 DEUTSCHER PRESSERAT, Jahrbuch 2007, 198.

103 Vgl. Wolfgang WUNDEN, Freiheitliche Medienmoral. Konzept einer systematischen Medienethik, in: Rüdiger Funiok, Udo F. Schmälzle, Christoph H. Werth (Hg.), Medienethik - die Frage der Verantwortung, Bonn 1999, 35 - 55, hier: 47f.

104 DEUTSCHER PRESSERAT, Jahrbuch 2007, 198.

Eben zitierte Ziffer wird oftmals als eine Art „Generalklausel des gesamten Pressekodex"aufgefasst, die weiteren Ziffern konkretisieren und spezifizieren gemeinsam mit den *Richtlinien für die publizistische Arbeit* dieses Streben nach Wahrheit, Achtung der Menschenwürde und Wahrung des Ansehens und der Glaubwürdigkeit der Presse. [105]

1. Zwischen wahrhaftiger Darstellung und Wahrung der Würde

Der zunächst seltsam anmutende Zustand, dass der Pressekodex, etwa im Gegensatz zum Grundgesetz der Bundesrepublik Deutschland, nicht mit der Achtung der Würde des Menschen, sondern mit der Achtung vor der Wahrheit beginnt, lässt die eminent wichtige Bedeutung der Wahrhaftigkeit für dieses Berufsethos besonders deutlich werden. Ebendieses Streben nach Wahrheit und Wahrhaftigkeit könnte sich aber auch als ein verbindendes Element zwischen Medienethik und Theologie erweisen.

Selbst Papst JOHANNES PAUL II. Setzte in seiner Ansprache an Künstler und Publizisten in München im Jahre 1980 in seinen kommunikationsethischen Äußerungen überraschenderweise einen anthropologischen Wahrheitsbegriff für Kirche und Medien voraus: nicht die Wahrheit an sich, sondern die „Wahrheit vom Menschen" gelte es zu vermitteln. Kirche,

---

105 Felix HEIMANN, Der Pressekodex im Spannungsfeld zwischen Medienrecht und Medienethik (= Studien zum deutschen und europäischen Medienrecht ; 37), Frankfurt am Main, 2009, 67; zugl. Diss. FernUniv. Hagen, 2008.

Künstler und Publizisten befänden sich in dieser Hinsicht in einer besonderen Schicksalsgemeinschaft:

> „Das Thema der Kirche und das Thema der Künstler wie Publizisten ist der Mensch, das Bild vom Menschen, die Wahrheit vom Menschen, das «Ecce homo», wozu seine Geschichte, seine Welt und Umwelt gehören, ebenso der gesellschaftliche, ökonomische und politische Kontext."[106]

Papst JOHANNES PAUL II. betont hier sein ganzheitliches Menschenbild und wendet es auf den Bereich der Medien an. Diese anthropologische Argumentation sollte jedoch nicht als Versuch einer „theologischen Medienanthropologie"[107] missverstanden werden. Andrea KÖNIG warnt explizit vor einem derartigen Versuch, der zum Scheitern verurteilt sei:

> „[E]ine theologische Anthropologie ... kann ... sich letztlich nur auf einen Ansatz beschränken und nicht auf einen vollständigen Konzeptentwurf, ... denn die Antworten auf existentielle Fragen, die den Sinn des Wesens des Menschen betreffen, sind [...] Gott allein vorbehalten. [...] Dieser Vorbehalt impliziert zugleich, dass das Bild des Menschen nicht konkret festgelegt werden kann noch darf."[108]

Papst JOHANNES PAUL II. zielt allerdings mit seiner Ansprache meines Erachtens nicht auf eine derartige, theologisch durchdrungene Medienanthropologie; sein Anliegen verdeutlicht

---

106 Johannes Paul II., Ansprache an Künstler und Publizisten im Münchner Herkulessaal am 19. November 1980, in: Communicatio Socialis 14 (1981) 181 - 186, hier: 182.

107 Andrea KÖNIG, Medienethik aus theologischer Perspektive. Medien und Protestantimus - Chancen, Risiken, Herausforderungen und Handlungskonzepte, Marburg 2006, 196; zugl. Diss. Univ. Regensburg, 2005.

108 KÖNIG, Medienethik, 183.

er besonders in der Definition dieses „Ecce homo", die, entgegen der zu erwartenden Scheltworte, eine positive Auffassung von Medien und ihrer öffentlichen Aufgabe enthält:

> „Literatur, Theater, Film, bildende Kunst verstehen sich heute weithin als Kritik, als Protest, als Opposition, als Anklage gegen das Bestehende. Das Schöne scheint als Kategorie der Kunst auszufallen zu Gunsten einer Darstellung des Menschen in seiner Negativität, in seinem Widerspruch, in seiner Ausweglosigkeit, in der Abwesenheit von jeglichem Sinn. Das scheint das aktuelle «Ecce homo» zu sein. Die sogenannte «heile Welt» wird Gegenstand von Hohn und Zynismus [...] Gegen die Darstellung des Bösen in seinen Formen und Gestalten ist auch im Namen des christlichen Glaubens und der Kirche an sich nichts einzuwenden. [...] Ohne die Realität des Bösen ist auch die Realität des Guten, der Erlösung, der Gnade des Heiles nicht zu ermessen."[109]

Jedoch weist er auch auf die damit verbundene Macht und den Einfluss hin, besonders auf die gesellschaftliche Wirkung der Medien, und schwört die Publizisten und Künstler auf die damit einhergehende Verantwortung ein:

> „[F]ür die Art und den Grad dieser Wirkungen [sind] die Medien nicht allein verantwortlich [...], aber sie dürfen ihre Rolle auch nicht verleugnen".[110]

Hier scheint die grundlegende Problematik der journalistischen Berufsethik in nur einem Satz zusammengefasst worden zu sein: Es ist die Frage, wo diese Verantwortung der Medienschaffenden beginnt und, in Bezug auf diese Arbeit, in welchen Fällen eine Verletzung der berufsethischen Pflichten

---

109 Johannes Paul II., Ansprache, 183.
110 Ebd., 185.

als Verletzung der Achtung der Menschenwürde aufgefasst werden muss. Es scheint jedoch so, dass noch keine Klarheit und folglich auch keine Einigkeit innerhalb der Medienethik darüber besteht, was es in normativer Hinsicht für diese Berufsethik überhaupt bedeutet, dass einem Menschen Würde zukommt, besonders bezogen auf das Verhältnis zwischen dem Wahrhaftigkeitspostulat und der Menschenwürdegarantie; beide haben, neben der Wahrung des Ansehens der Presse, als oberste Prinzipien zu gelten und können scheinbar nur schwßppöln erlich gegeneinander aufgewogen werden.

2. Normativer Gehalt der Menschenwürdegarantie

Wie wird nun diese Garantie der Menschenwürde im Pressekodex umgesetzt, wie werden von der oben genannten „Generalklausel des gesamten Pressekodex“[111] operable und kategorische Ge- und Verbote abgeleitet? Für den DEUTSCHEN PRESSERAT und seine Kasuistik besteht ja in der Tat eine gewisse Notwendigkeit, eine begründete Beschwerde von einer unbegründeten zu unterscheiden, weshalb eine Definition dessen, worin nun überhaupt der normative Gehalt dieses Prinzips der Menschenwürde besteht und wann selbiges verletzt worden ist, zumindest unter medienrechtlichen Aspekten notwendig ist. Auf den ersten Blick scheint der Pressekodex hierauf keine Antwort zu liefern, selbst Ziffer 11 scheint ohne jeglichen Bezug zur Frage nach der Menschenwürde: „Die Presse verzichtet auf eine unangemessen sensationelle Darstellung von Gewalt, Brutalität und Leid.“[112] Interessant im Rahmen meiner Untersuchung ist aber vor allem die diese

---

111 HEIMANN, Pressekodex, 67.

112 DEUTSCHER PRESSERAT, Jahrbuch 2007, 213.

Ziffer auslegende Richtlinie 11.1 der *Richtlinien für die publizistische Arbeit nach den Empfehlungen des Deutschen Presserats,* die den Tatbestand der unangemessen sensationellen Darstellung konkretisiert; auch diese spricht lediglich in impliziter Weise von der Würde des Menschen:

> „Unangemessen sensationell ist eine Darstellung, wenn in der Berichterstattung der Mensch zum Objekt, zu einem bloßen Mittel, herabgewürdigt wird. Dies ist insbesondere dann der Fall, wenn über einen sterbenden oder körperlich oder seelisch leidenden Menschen in einer über das öffentliche Interesse und das Informationsinteresse der Leser hinausgehenden Art und Weise berichtet wird."[113]

Die Formulierung dieser Richtlinie wirkt wie eine Paraphrase des praktischen Imperativs, KANTS zweiter Formulierung des kategorischen Imperativs:

> „Der praktische Imperativ wird also folgender sein: *Handle so, dass du die Menschheit, sowohl in deiner Person, als in der Person eines jeden andern, jederzeit zugleich als Zweck, niemals bloß als Mittel brauchest."*[114]

Diese Nähe zur KANTischen Formulierung ist jedoch wohl kein bloßer Zufall, viel mehr scheint es so, als hätte sich diese Richtlinie aus einem medienrechtlichen Kontext heraus entwickelt, denn in der Tat operieren Verfassungsrechtler gelegentlich mit der sogenannten *Objektformel,* die ihre Bekanntheit jedoch erst durch Günter DÜRIG erlangte – und nahezu wörtlich in der oben genannten Richtlinie zitiert wird. Seiner Interpretation gemäß wird die Menschenwürde dann

113 Ebd.
114 GMS B 66f.

verletzt, „wenn der konkrete Mensch zum Objekt, zu einem bloßen Mittel, **zur vertretbaren Größe** herabgewürdigt wird."[115] Die *Objektformel* stellt somit den Versuch dar, den Begriff der Menschenwürde „von der Verletzung her mit Inhalt"[116] zu füllen und knüpft hierbei an das Instrumentalisierungsverbot des praktischen Imperativs an.

In Konsequenz hieraus definiert der DEUTSCHE PRESSERAT eine Verletzung der Menschenwürde als Berichterstattung, die derart beschaffen ist, dass sie einen konkreten Menschen als bloßes Mittel gebraucht.[117] Die im Pressekodex verbriefte Garantie der Menschenwürde scheint somit in eine Richtlinie des Instrumentalisierungsverbot umgesetzt worden zu sein, wenngleich diese allgemeine Formel im Grunde eine recht

---

115 Günter DÜRIG, Kommentar zu Art. 1 Abs. 1 GG, in: Theodor Maunz, Günter Dürig (Hg.), Grundgesetz. Kommentar, München 1958, Rn. 28, Hervorhebungen durch den Autoren; die Hervorgehobene Passage entfällt in der Formulierung des DEUTSCHEN PRESSERATES. Zurück geht die sogenannte *Objektformel* jedoch wohl auf Josef WINTRICH, Über Eigenart und Methode verfassungsgerichtlicher Rechtsprechung, in: Hans Bachof, Erich Becker, Godehard Ebers, Ludwig Foohs u.a., Verfassung und Verwaltung in Theorie und Wirklichkeit. Festschrift für Herrn Geheimrat Professor Dr. Wilhelm Laforet anläßlich seines 75. Geburtstages, München 1952, 227 – 249, hier: 235 f.: „Da die Gemeinschaft sich aus freien eigenständigen Personen aufbaut, die durch ihr Zusammenwirken das Gemeinschaftsgut verwirklichen, muß aber der Mensch auch in der Gemeinschaft und ihrer Rechtsordnung immer «Zweck an sich selbst» (Kant) bleiben, darf er nie zum bloßen Mittel eines Kollektivs, zum bloßen Werkzeug oder zum rechtlosen Objekt eines Verfahrens herabgewürdigt werden."

116 Matthias HERDEGEN, Kommentar zu Art. 1 Abs. 1 GG, in: Theodor Maunz, Günter Dürig (Hg.): Grundgesetz. Kommentar, München [53]2009, Rn. 33.

117 Vgl. DEUTSCHER PRESSERAT, Jahrbuch 2007, 213.

simplifizierte Umsetzung des Begriffes der Menschenwürde darstellt, die höchstens geeignet scheint, einen groben Bereich abzustecken, innerhalb dessen die Verletzung der Menschenwürde eines konkreten Menschen möglich ist; es handelt sich hierbei folglich um lediglich eine Auslegungsvariante des Kategorischen Imperativs.

3. Exemplarische Sprüche des Deutschen Presserates zur Verletzung der Menschenwürde

Im Folgenden werde ich beispielhaft Sprüche des DEUTSCHEN PRESSERATES heranziehen, um die drei vorherrschenden Begriffe von Menschenwürde darzustellen. Hierzu werde ich die zum Teil recht kontrovers diskutierte Spruchpraxis des DEUTSCHEN PRESSERATES bis zum Jahre 2005 heranziehen und die dazugehörigen *Richtlinien für die publizistische Arbeit* analysieren. Geklärt werden soll, inwiefern der KANTische Begriff der Menschenwürde konsistent richtig angewandt wurde oder aber ob den Sprüchen möglicherweise ein medienrechtlicher Begriff zugrunde liegt. Ich werde dabei versuchen, das Verhältnis zwischen KANTischem Begriff und heutigem Gebrauch des Menschenwürdebegriffes in den Medien zu beschreiben.

1. Würdeverletzung – der Journalist als Akteur beim Verletzungsvorgang

Die Frage des Akteurs hat auch den DEUTSCHEN PRESSERAT beschäftigt, dies auch in Sprüchen, die sich mit der möglichen Verletzung der Würde des Menschen auseinandersetzten. Interessanterweise scheint dem aus dem Pressekodex, Ziffer

2 „Sorgfaltspflicht" deduzierbaren Begriff des Akteurs im Pressekodex eine Definition zugrunde zu liegen, die sich mit dem von mir aus dem rhetoriktheoretischen *Orator*-Begriff abgeleiteten Akteur zu decken scheint – oder zumindest nicht in erheblichem Widerspruch zu ihm steht. Ziffer 2 des Pressekodex' lautet:

> „Recherche ist unverzichtbares Instrument journalistischer Sorgfalt. Zur Veröffentlichung bestimmte Informationen in Wort, Bild und Grafik sind mit der nach den Umständen gebotenen Sorgfalt auf ihren Wahrheitsgehalt zu prüfen und wahrheitsgetreu wiederzugeben. Ihr Sinn darf durch Bearbeitung, Überschrift oder Bildbeschriftung weder entstellt noch verfälscht werden. Unbestätigte Meldungen, Gerüchte und Vermutungen sind als solche erkennbar zu machen. Symbolfotos müssen als solche kenntlich sein oder erkennbar gemacht werden."[118]

Im Jahre 1987 befasste sich der DEUTSCHE PRESSERAT mit einem recht speziellen Verstoß gegen den Pressekodex: in einer Zeitungsanzeige von Tierversuchsgegnern wurden Wissenschaftler, die mit Tieren Experimente durchführten, als eine besondere Art bezeichnet, der abgesprochen wurde, als Menschen bezeichnet werden zu können. Interessant ist dieser Spruch besonders bezogen auf die Frage, wem die Verletzung der Würde der eben genannten Wissenschaftler anzulasten ist, aber auch die Unterscheidung der Handlungsebenen und der Handlungszuschreibungen. Diese Differenzierung scheint in diesem Fall besonders gelungen, da Akteur, konkrete Verletzung der Würde und Urheber klar herausgearbeitet wurden.

---

118 DEUTSCHER PRESSERAT, Jahrbuch 2007, 199.

Im Spruch zu Az. B 45/87 heißt es:

> „Der Deutsche Presserat stellt fest, dass das beanstandete Zitat nicht hätte gedruckt werden dürfen. Elementare Rechte sind berührt: Wissenschaftlern, die mit Tieren experimentieren, wird die Menschenwürde abgesprochen. Der Presserat sieht von einer Maßnahme ab, weil die Anzeigenabteilung der Zeitung die Angelegenheit von sich aus in Ordnung bringt: Ihr ist die Bedeutung des Zitats erst nachträglich bewusst geworden, sie distanziert sich von der Anzeige und bedauert die Veröffentlichung."[119]

Der Akteur kann hier entsprechend der KNAPE'schen *Orator*-Theorie als besagte Gruppe der Tierversuchsgegner definiert werden, diese verletzen mit ihrem Absprechen des Menschseins die Würde der Wissenschaftler, es liegt somit ein Verstoß gegen Ziffer 1 des Pressekodex' vor. Die Anzeigenabteilung der Zeitung hingegen ist ihrer Sorgfaltspflicht nicht nachgekommen, da sie den Inhalt der Anzeige nicht genau genug geprüft hatte, womit sie gegen Ziffer 2 des Pressekodex verstieß. Die von mir für diese Untersuchung präferierte Definition des Akteurs scheint in diesem speziellen Urteil angemessen gewählt zu sein. Auch die Unterscheidung des DEUTSCHEN PRESSERATES zwischen der Verletzung der Sorgfaltspflicht und der Verletzung der Menschenwürde sowie die damit einhergehende Differenzierung der Zuständigkeit des Gremiums scheint angemessen; der Pressekodex richtet sich ja von seinem Selbstverständnis her an alle Medienschaffenden, Verleger, Herausgeber und Journalisten und eben nicht an jeden Kommunikator, weshalb dieser Spruch ein gutes Bei-

---

[119] Az. B 45/87. Die Sprüche des Presserates werden, soweit nicht anders angegeben, mit Aktenzeichen zitiert nach: DEUTSCHER PRESSERAT, Spruchpraxis 1985 – 2005, Konstanz 2006.

spiel für die professionsethische Ausrichtung des DEUTSCHEN PRESSERATES darstellt.[120]

Ist in diesem Spruch aber auch der KANTische Begriff der Menschenwürde konsequent richtig angewandt worden? Meines Erachtens trifft auch das Kriterium der Totalinstrumentalisierung als Grundlage der Verletzung der Menschenwürde zu; die durchaus komplexe Frage, inwiefern auch die Anzeigenabteilung in einem metaphysischen Sinne die Würde der Wissenschaftler verletzt habe, löste der DEUTSCHE PRESSERAT durch eine feine Differenzierung der Handlungen, wodurch beide Akteure getrennt bewertet werden mussten. Diese Unterscheidung führt jedoch auch dazu, dass zunächst generell die Übertretung der Ziffer 1 des Pressekodex' festgehalten wird, da „[e]lementare Rechte [...] berührt"[121] sind. Die Zuständigkeit des DEUTSCHEN PRESSERATES als Spruchkammer der Medienschaffenden ist jedoch auf professionsethische Verstöße beschränkt, weshalb dieser Spruch daher vor allem die Übertretungen der Anzeigenabteilung in den Blick nimmt, ohne jedoch die Verletzung der Menschenwürde gänzlich aus dem Blick zu verlieren.

2. Verletzung der Menschenwürde

Sprüche des DEUTSCHEN PRESSERATES, die sich explizit mit der Würde des Menschen auseinandersetzen und sich nur und ausschließlich auf Ziffer 1 des Pressekodex' berufen, sind zu meinem Erstaunen rar, Sprüche über Verletzungen des Wahrheitsgebotes im Rahmen dieser Ziffer finden sich jedoch we-

---

120 Vgl. DEUTSCHER PRESSERAT, Jahrbuch 2007, 197.

121 Az. B 45/87.

sentlich häufiger; in der Spruchpraxis des DEUTSCHEN PRESSERATES scheint oftmals die Verletzung elementarer Persönlichkeitsrechte unter den bereits genannten Ziffern, seltener jedoch die Verletzung der Würde eines konkreten Menschen verhandelt zu werden.

a) Wahrhaftige Darstellung versus Achtung der Würde

Einer dieser selteneren Sprüche wurde 2001 veröffentlicht: eine Leserin legte Beschwerde beim DEUTSCHEN PRESSERAT über eine Reportage ein, die den Alltag einer 23-jährigen Epileptikerin darstellte: „Der Beitrag sei in dieser Form untragbar, da er die Menschenwürde der Betroffenen verletze.“[122]

Die Reportage schildert recht konkret den Alltag einer Mutter mit ihrer Tochter, deutliche Worte und drastische Schilderungen sind in der Reportage in der Tat keine Seltenheit. Die Frage ist nun, ob ein möglicherweise wahrhaftiges, allerdings drastisches Portrait bereits die Würde dieser Epileptikerin im Sinne der Definition des DEUTSCHEN PRESSERATES verletzt. Auch hier zeugt der Spruch von der grundsätzlichen Ausgewogenheit des Gremiums. Im Hintergrund steht hier ja die Frage nach der Wahrhaftigkeit und damit verbunden, ob auch eine unbequeme Wahrheit thematisiert werden darf:

> „Der Presserat sieht Ziffer 1 des Pressekodex nicht verletzt und weist die Beschwerde als unbegründet zurück. Die Reportage bedient sich zwar einer drastischen Sprache, würdigt das betroffene Mädchen jedoch nicht herab. Die Autorin zeichnet lediglich auf äußerst realistische Weise das

---

122 Az. B 22/01.

> Leben und das Verhalten des Mädchens nach. Sie schildert die Schwierigkeiten der Mutter im Umgang mit ihrem Kind und wirbt um Verständnis für das Kind, aber auch für seine Mutter. Gerade mit der Überschrift des Beitrages, der wie ein Stempel gestaltet ist, wird deutlich, dass die Autorin nicht etwa das Mädchen herabwürdigen, sondern eine von der Gesellschaft an Behinderte oft vergebene Stereotype kritisieren will."[123]

Meines Erachtens findet der DEUTSCHE PRESSERAT in diesem Spruch eine gelungene Abwägung zwischen dem Postulat wahrhaftiger Darstellung und den Persönlichkeitsrechten der dargestellten Mutter samt ihrer Tochter; der Vorwurf der Verletzung der Würde der Tochter scheint auf den inflationären Gebrauch des Begriffes „Würdeverletzung" in populärethischen Kontexten zurückzuführen zu sein, wurden ja selbst die Persönlichkeitsrechte besagter Person dem Anschein nach gewahrt. Ein sinnentleerter Würdebegriff, der Würde mit Ehre gleichsetzt und eine reine Ehrverletzung bereits als Verletzung der Menschenwürde ansieht, findet sich hin und wieder in den Sprüchen des DEUTSCHEN PRESSERATES. Der Gebrauch dieses populären Würdebegriffs führt jedoch dazu, dass nahezu jede Verletzung der aus dem Würdebegriff abgeleiten Persönlichkeitsrechte und Ehrvorstellungen bereits als Verletzung der Würde aufgefasst werden müssen; auf diese Weise wird letztlich der Begriff sinnentleert und die ursprüngliche Schrankenfunktion des kantischen Würdebegriffs regelrecht untergraben.

---

[123] Ebd.

b) Postmortale Würdevorstellungen

In den Jahren 1997 und 2001 befasste sich der Deutsche Presserat desöfteren mit Beschwerden, die die Frage nach der postmortalen Würde des Menschen aufwarfen. In zwei Fällen veröffentlichte eine Zeitschrift „Nachrufe", die eindeutig geschmacklos und beleidigend waren. Sind diese jedoch auch als Verstoß gegen die Norm, die Würde des Menschen zu wahren, zu verstehen? Oder spricht der DEUTSCHE PRESSERAT hier lediglich in einem metaphorischen Sinne von Menschenwürde?

Wäre in den beiden genannten Fällen nur in einem metaphorischen Sinne die Rede von der Menschenwürde, könnte noch von der Verletzung postmortal weiterhin geltender Persönlichkeitsrechte die Rede sein. Wie versteht aber KANT die Menschenwürde?

> Wenn jemand von einem Verstorbenen ein Verbrechen verbreitet, das diesen im Leben ehrlos oder nur verächtlich gemacht haben würde: so kann ein jeder, welcher einen Beweis führen kann, daß diese Beschuldigung vorsätzlich unwahr und gelogen sei, den, welcher jenen in böse Nachrede bringt, für einen Kalumnianten öffentlich erklären, mithin ihn selbst ehrlos machen; welches er nicht tun dürfte, wenn er nicht mit Recht voraussetzte, daß der Verstorbene dadurch beleidigt wäre, ob er gleich tot ist, und dass diesem durch jene Apologie Genugtuung widerfahre, ob er gleich nicht mehr existiert.[124]

---

[124] MS I, AB 138.

KANT spricht hier, in einem ähnlich gelegenen Fall, von einer Ehrverletzung, die auch über den Tod hinaus geahndet werden solle, da der Mensch ein intelligibles Wesen ist:

> „Der, welcher nach hundert Jahren mir etwas Böses fälschlich nachsagt, beleidigt mich schon jetzt; denn im reinen Rechtsverhältnisse, welches ganz intellektuell ist, wird von allen physischen Bedingungen (der Zeit) abstrahiert."[125]

An eine mögliche Verletzung der Würde dieses Menschen hatte KANT wohl kaum gedacht, daher ist es durchaus bemerkenswert, dass der DEUTSCHE PRESSERAT dies dennoch anders beurteilt. Im ersten Fall fanden sich in einem Nachruf auf einen bekannten Bundespolitiker „genitale Anspielungen"[126] mit dem Namen des Todesortes, die jedoch sonst in keinerlei Zusammenhang mit dem Verhalten des Verstorbenen zu bringen waren. Ein entsprechend harter Spruch wird vom DEUTSCHEN PRESSERAT gefällt:

> „Der Presserat ist sich einig, dass diese Veröffentlichung die Menschenwürde des Verstorbenen verletzt und damit gegen Ziffer 1 des Pressekodex verstößt. Er erklärt die Beschwerde für begründet und erteilt der Zeitschrift eine öffentliche Rüge."[127]

Im zweiten Fall fanden sich Wortspiele mit dem Nachnamen einer Verstorbenen – „Schweinebraten" – und weitere, unter dem orthographisch mangelhaft verfassten Titel „zerrissen das familienband der schönen schweinebraten"[128], geschmacklose Bemerkungen zur Nachkommenschaft der be-

---

125 MS I, A 139, Anm.

126 Az. B 69/97.

127 Az. B 69/97.

128 Az. B 53/01.

sagten Verstorbenen. Im Kommentar zu diesem Spruch heißt es:

> „Offensichtlich habe der Familienname „Schweinebraten", für den jeder Mensch letztlich nichts könne, den verantwortlichen Redakteur dazu veranlasst, den Todesfall ins Lächerliche und Beleidigende zu ziehen."[129]

Der Spruch zu Az. B 53/01 lautet:

> „In Ziffer 1 des Pressekodex ist festgehalten, dass die Wahrung der Menschenwürde eines der obersten Gebote der Presse ist. Wie die Redaktion in ihrer Stellungnahme selbst einräumt, handelt es sich bei dem vorliegenden Beitrag um eine eindeutige journalistische Fehlleistung. Mit der Veröffentlichung wurde die Menschenwürde der Verstorbenen und ihrer Hinterbliebenen grob verletzt. Der Presserat erteilt der Zeitung eine öffentliche Rüge."[130]

Mit dem Verweis auf Ziffer 1 des Pressekodex scheint mir dieser Sinn jedoch nicht gemeint zu sein; mit dem KANTischen Menschenwürdebegriff ist die Vorstellung von über den Tod hinausgehender Menschenwürde nicht zu rechtfertigen, KANT spräche hier von einer Ehrverletzung oder von einer Verletzung der Würde des Verstorbenen. JONES' Begriff der postmortalen Würde[131] scheint hier auf breite Zustimmung gestoßen zu sein, argumentiert Lutz TILLMANNS, bis Januar 2020 Geschäftsführer des DEUTSCHEN PRESSERATS, indirekt mit seinem postmortalen Würdeverständnis:

---

129 Ebd.

130 Ebd.

131 Vgl. D. Gareth JONES, Speaking for the dead. Cadavers in biology and medicine, Aldershot 2000, 242 – 246.

> „Wir hatten eben schon den Aspekt des Persönlichkeitsrechts des Betroffenen, des Opfers selbst. Sind Tote zu verzeichnen, gibt es immer noch eine postmortale Würde, die über den Tod hinaus wirkt. Darüber hinaus spielt hier selbstverständlich die Position der Angehörigen eine Rolle."[132]

Interessant an diesem Spruch des Deutschen Presserates ist darüber hinaus auch die Tatsache, dass Ziffer 11 keine Anwendung fand, wenngleich hier die eingangs erwähnte Objektformel mit dem KANTischen Würdebegriff operiert:

> „... wenn in der Berichterstattung der Mensch zum Objekt, zu einem bloßen Mittel, herabgewürdigt wird. Dies ist insbesondere dann der Fall, wenn über einen sterbenden oder körperlich oder seelisch leidenden Menschen in einer über das öffentliche Interesse und das Informationsinteresse der Leser hinausgehenden Art und Weise berichtet wird."[133]

Im KANTischen Sinne spricht hier der DEUTSCHE PRESSERAT entweder lediglich in einem metaphorischen Sinne von Menschenwürde, oder aber der Begriff der Menschenwürde steht hier stellvertretend für Ableitungen von der Würde wie den Persönlichkeitsrechten, die zwar mit dem verblassenden Andenken an den Verstorbenen ebenfalls schwächer werden, jedoch als Persönlichkeitsschutz auch post mortem wirken. JONES' Würdebegriff hingegen verbindet die Vorstellung von persönlicher Ehre mit der Menschenwürde und lässt sie in einer gewissen Selbstverständlichkeit auch post mortem als Würde des Verstorbenen wirken, ohne zwischen Menschen-

---

132 Joachim von GOTTBERG, Lutz TILLMANNS, Freie Berichterstattung und ihre ethischen Grenzen. Komplizierte Abwägungsprozesse erfordern professionelle Kompetenz, in: TV Diskurs 46, 12 (2008) 4, 22-27, hier: 24.

133 DEUTSCHER PRESSERAT, Jahrbuch 2007, 213.

würde und abgeleiteten Persönlichkeitsrechten differenzieren zu müssen. Möglicherweise spiegelt dieser Begriff den im Deutschen Presserat angewandten massenmedialen Menschenwürdebegriff am ehesten wider.

IV. Neudefinition einer obersten Maxime journalistischen Handelns

Der DEUTSCHE PRESSERAT hat in seinen Sprüchen einen Facettenreichtum des Menschenwürdebegriffs bewiesen, dies zeigte die Analyse der Publizistischen Grundsätze als Norm der Medienschaffenden. Dieser Reichtum reicht von der antik-stoischen über die christlich-theologische hin zur KANTischen Grundlegung des Würdebegriffs in angemessener Anwendung und Interpretation einerseits, andererseits findet sich auch eine deutliche Übernahme der vom Verfassungsrecht her bekannt gewordenen Objektformel mit entsprechendem Versuch einer eigenen Kasuistik, die sich am Instrumentalisierungsverbot als einer der zahlreichen Ableitungen vom Menschenwürdebegriff bedient und implizit mit der Argumentation der Selbstzwecklichkeit des Menschen operiert.

Die vorgefundene Breite und Unterschiedlichkeit der Definition, was denn nun mit der Menschenwürde gemeint sei, unterstreicht auf tragische Weise das „Bonmot, die Medienethik sei bloß eine Feuilleton-Fassung des Medienrechts."[134] Die deskriptive Untersuchung ließ dies besonders deutlich werden: Auch wenn im einen Spruch der KANTische Begriff richtig angewandt scheint, finden sich neben ihm ebenso Sprüche, in

134 Anton HÜGLI, Was haben Medien mit Ethik zu tun?, in: Michael Haller, Helmut Holzhey (Hg.), Medienethik. Beschreibungen, Analysen, Konzepte für den deutschsprachigen Journalismus, Opladen 1992, 6 – 72, hier: 58.

denen der Begriff inflationär und sinnentlehrt gebraucht wird; zugleich scheint er etwa den Begriff der Ehrverletzung aufgesogen zu haben und ihn zu überlagern, weshalb im DEUTSCHEN PRESSERAT wohl auch zunehmend juristische Kasuistik Anwendung findet, jedoch sind Recht und Sittlichkeit nicht dasselbe und sollten auch getrennt voneinander betrachtet werden. Einmal gründet das Recht in der Moral, da es Aufgabe des Rechts ist, Freiheit, Gerechtigkeit, Gemeinwohl und Frieden zu sichern. Alles Recht will diesen ethischen Prinzipien dienen, ethische Argumentationen können also Mediengesetze, auch berufsrechtliche Normen als vernünftig erscheinen lassen und sie bekräftigen. Umgekehrt muss eine rechtlich abgesicherte Rahmenordnung moralisches Handeln unterstützen. Jedoch scheint diese Trennschärfe nicht im ausreichenden Maße präsent zu sein, was wiederum die eingangs von Gremienmitgliedern wohl selbst gestellte Frage, inwiefern der DEUTSCHE PRESSERAT sich überhaupt mit ethischen Begriffen zu befassen habe und nicht besser zu einer Art außergerichtlicher Schlichtungsstelle fungieren solle, deutlich zeigt.

Wenngleich es nun auch so scheinen mag, dass die KANTische Grundlegung der Menschenwürde höchstens in Form von Ableitungen tauglich für die Medienethik ist, erweist sich dieser Ansatz dennoch als Grundlage zahlreicher Begründungsansätze einer Medien- oder auch journalistischen Ethik. BAUM etwa lehnt seine These der Verantwortung stark an KANT an: „In dem Moment, in dem ein Journalist seinen Beruf ausübt, vertritt er die Normen einer ganzen Gesellschaft.“[135] Diese moralische Verpflichtung ist „eine Frage der Maximen, unter denen man handelt, weil alle in dieser Situation darunter müssen handeln können."[135] Die von KANT selbst aus dem Kategorischen Imperativ abgeleitete Formulierung desselben lautete:

> „Der kategorische Imperativ ist also ein einziger, und zwar dieser: *handle nur nach derjenigen Maxime, die du zugleich wollen kannst, dass sie ein allgemeines Gesetz werde.*"[136]

Da dem massenmedialen Menschenwürdebegriff zwei Maximen, nämlich das Wahrhaftigkeitspostulat und die Wahrung der Menschenwürde zugrundeliegen, liegt es nahe, hier einen praktischen Imperativ im Sinne des journalistischen Berufsethos abzuleiten. Ich versuche damit zwei Dinge: Deutlich wurde, dass auch die Verletzung von Persönlichkeitsrechten als rügewürdig von Seiten des DEUTSCHE PRESSERAT angesehen wurde. Zum einen biete ich für diese Fälle eine Neuformulierung einer obersten Handlungsmaxime journalistischen Handelns, zum anderen wird nun eine Unterscheidung zwischen Verstoß gegen praktischen Imperativ und kategorischen Imperativ möglich. Dieser bedarf es, soll die Medienethik nicht als reine Kasuistik und der DEUTSCHE PRESSERAT nicht als eine außer- oder vorgerichtliche Schlichtungsstelle enden.

---

135 Achim BAUM, Was sollen Journalisten tun? Zur Notwendigkeit journalistischer Ethik, in: Institut zur Förderung publizistischen Nachwuchses, Deutscher Presserat (Hg): Ethik im Redaktionsalltag, Konstanz 2005, 22 - 30, hier: 28

136 GMS B 51f.

1. Journalistische Handlungsmaxime zwischen Wahrhaftigkeit und Würde

Die Abwägung zwischen dem Wahrhaftigskeitspostulat und der Menschenwürdegarantie scheint die zentrale Problematik in der Streitfrage, welcher massenmedientaugliche Begriff von Menschenwürde in der Presse gelten solle, zu sein. Da der KANTische Begriff der Menschenwürde streng universal und rational begründet ist, scheint es lohnend, seine eigene Ableitung, den praktischen Imperativ, als Grundlage einer Ableitung für einen journalistischen Imperativ zu nutzen. Der praktische Imperativ lautet:

> *„Handle so, dass du die Menschheit, sowohl in deiner Person, als in der Person eines jeden andern, jederzeit zugleich als Zweck, niemals bloß als Mittel brauchest.“*[137]

Nun sollen die journalistischen Maximen eingefügt werden; die „Generalklausel“ des Pressekodex nennt als oberstes Gebote die Achtung vor der Wahrheit, die Wahrung der Menschenwürde und die wahrhaftige Unterrichtung der Öffentlichkeit.[138] Ein um diese Gebote ergänzter journalistischer Imperativ könnte etwa lauten:

> *Handle so, dass du die Menschheit, sowohl in deiner Person, als in der Person eines jeden andern, jederzeit zugleich als Zweck, niemals bloß als Mittel brauchest und du die Öffentlichkeit wahrhaftig unterrichtest und somit das Ansehen und die Glaubwürdigkeit der Medien wahrst.*

---

137 GMS B 66f., Hervorhebung im Original.

138 DEUTSCHER PRESSERAT, Jahrbuch 2007, 198.

Dieser Imperativ scheint als Handlungsmaxime noch zu komplex, daher sollte er auf das Wesentlichste reduzierte werden. Dieses „Wesentlichste“ scheint mir in der Wahrung der Handlungsfähigkeit zu liegen, da sie die Wahrung der Menschenwürde mit dem Instrumentalisierungsverbot auf eindrucksvolle Weise verbindet. Der Tübinger Moraltheologe BORMANN stellte eine bemerkenswerte Ableitung des kategorischen Imperativs als oberstes Moralprinzip vor:

> „Handle so, dass du deine eigene Handlungsfähigkeit sowie die Handlungsfähigkeit der von deinem Handeln betroffenen nach Möglichkeit umfassend entfaltest und gleichberechtigt förderst und nicht ohne zwingenden Sachgrund beeinträchtigst oder gar zerstörst.“[139]

Bemerkenswert – hier im Sinne von des Bemerkens wert – deshalb, weil die Kategorie der Handlungsfähigkeit uns eine relativ genau umrissene Definition der Missachtung dieses obersten Moralprinzips bietet und zugleich ein allgemein anerkennbares oberstes Moralprinzip postuliert. BORMANN stützt sich bei seiner Formulierung auf den Ansatz des sogenannten *capability-approach,*

> „der vor allem mit dem Namen des indischen Moralphilosophen und Nobelpreisträgers Amartya Sen und der in Chicago lehrenden Philosophin Martha Nussbaum verbunden ist.“[140]

BORMANN nutzt hierbei einen Gedankengang von Alan GEWIRTH, der die Handlungsfähigkeit als unhintergehbar und

139 Franz-Josef BORMANN, Abschied von der Verbotsmoral. Zur Bedeutung eines fähigkeitstheoretischen Ansatzes für die Moraltheologie, in: ThQ 191 (2011) 3, 210 – 215; hier: 212.

140 Ebd., 211.

vorausetzungsgebunden definiert; dieser glaubt zeigen zu können,

> „dass jeder Handelnde aufgrund der Tatsache, *daß* er handelt, logisch genötigt ist, ein in seinem Gehalt festumrissenes oberstes moralisches Prinzip anzuerkennen."[141]

GEWIRTH stellt fest, dass der Mensch schlichtweg genötigt ist, zu handeln und nicht nicht handeln kann, da auch die Verweigerung jedweder Handlung eine Handlung darstellt und das Handeln des Menschen schlicht alternativlos ist. Auf die systematische Bedeutung und die genaue Argumentation soll jedoch an dieser Stelle nicht näher eingegangen werden, BORMANN legt sie in seinem Artikel knapp und gut begründet dar.[142] BORMANN erweitert nun GEWIRTHS Theorie und stellt fest, dass jeder, der überhaupt irgendetwas wirklich will, notwendigerweise auch immer schon zumindest implizit die Entwicklung, Förderung und Verteidigung der eigenen Handlungsfähigkeit wollen muss.[143] Insofern muss jedem Men-

---

141 Ausdrücklich stellt GEWIRTH fest: „[E]very agent, by the fact of engaging action, is logically committed to accept a supreme moral principle having a certain determinate normative content. Because any agent who denies or violates this principle contradicts himself, the principle stands unchallenged as the criterion of moral rightness, and conformity with its requirements is categorically obligatory." (Alan GEWIRTH, Reason and Morality, Chicago 1978, 48).

142 Vgl. Franz-Josef BORMANN, „Handlungsfähigkeit" und „gutes Leben", Plädoyer für einen schwachen Perfektionismus, in: M. Hoesch, S. Muders, M. Rüther (Hrsg.): Glück - Werte - Sinn, Berlin 2012, 177 - 194.

143 Vgl. ders., Natur als Horizont sittlicher Praxis, Stuttgart 1999, 130 - 143.

schen daran gelegen sein, Handlungsoptionen zu besitzen, das Handelnkönnen stellt in dieser Theorie somit ein Gut dar.

Entscheidend für unsere Problematik einer Handlungsmaxime für das journalistische Handeln scheint mir hier aber viel mehr die Kombination von deontologischer und teleologischer Begründung eines obersten Moralprinzips. Der Begriff der Menschenwürde hat auch die Aufgabe bzw. Funktion der Abgrenzung – zugleich auch der Begründung – des kategorischen Imperativs von anderen Imperativen, da der Mensch als ein Wesen, welchem die Qualität der Würde zuzuschreiben ist, Zweck an sich ist, „was dagegen über allen Preis erhaben ist, mithin kein Äquivalent verstattet, das hat eine Würde.“[144] Daher könnte eine oberste Handlungsmaxime journalistischen Handelns nun lauten:

> Handle so, dass du deine eigene Handlungsfähigkeit sowie die Handlungsfähigkeit der von deinem Handeln betroffenen nach Möglichkeit umfassend entfaltest und gleichberechtigt förderst und ausschließlich zur wahrhaftigen Unterrichtung der Öffentlichkeit beeinträchtigst oder gar zerstörst.

Diese oberste Maxime journalistischen Handelns kann so für Medienschaffende gelten. Die Ableitung ist nur deshalb möglich, weil ich BORMANNS These folge und als oberstes Moralprinzip die Handlungsfähigkeit angenommen habe.

---

144 GMS B 77. In GMS B 65-67 wird die „vernünftige Natur“, die Menschheit in jeder Person, wird der Mensch als Zweck an sich dargestellt.

2. Wahrung der Handlungsfähigkeit als Handlungsmaxime der Medienschaffenden

Da dem Menschen gemäß der BORMANNschen Theorie daran gelegen sein muss, Handlungsoptionen zu besitzen, das Handelnkönnen somit ein Gut darstellt, lässt sich hieraus auch ein Prinzip für das journalistische Handeln ableiten. Schränkt der Journalist nämlich seine eigene und die Handlungsfähigkeit eines anderen durch eine falsche Tatsachenbehauptung ein, ist er darauf angewiesen, die möglichen Folgen durch weitere unwahre Berichte abzuschwächen, wodurch er sich selbst in seiner Handlungsfähigkeit einschränkt, da er von nun an gezwungen ist, bei dieser unwahren Behauptung zu bleiben. Somit verbindet die Festlegung der Handlungsfähigkeit als oberstes Moralprinzip die Achtung vor der Wahrheit, die Wahrung der Menschenwürde und die wahrhaftige Unterrichtung der Öffentlichkeit in einem scheinbar einfachen, auf jeden Fall recht eingängigen Prinzip.

Die Verbindung von hochhängendem deontologischem Prinzip mit einem teleologischen Prinzip der Handlungsfähigkeit scheint für den journalistischen Alltag besonders geeignet, da es die Verletzung der Menschenwürde zu Recht nicht mit schlichten Ehrverletzungen oder der Verletzung von Persönlichkeitsrechten gleichsetzt, diese jedoch auch nicht aus dem Blick verliert. Auch die Handlungsfähigkeit der indirekt Betroffenen, wie etwa der Familie und weiteren, findet nun auch Beachtung, denn es „spielt hier selbstverständlich die Position der Angehörigen eine Rolle."[145]

---

145 Joachim von GOTTBERG, Lutz TILLMANNS, Freie Berichterstattung und ihre ethischen Grenzen. Komplizierte Abwägungsprozesse erfor-

Konkret lässt sich die Entscheidungsfindung mit neuer obers- ter Maxime journalistischen Handelns wie folgt darstellen:

---

dern professionelle Kompetenz, in: TV Diskurs 46, 12 (2008) 4, 22-27, hier: 24.

V. Fazit

Es scheint so, dass der Schutzbereich der Menschenwürde bei Journalisten tatsächlich präsent ist, jedoch die Hürden der Verletzung der Würde, die KANT selbst aufgestellt hat, etwa in Form der Totalinstrumentalisierung, unterschiedlich gut im journalistischen Alltag angewandt werden können und die Menschenwürdegarantie in handhabbare Formeln wie etwa der Objektformel gebracht werden muss. Dies führt jedoch zwangsläufig dazu, dass der ursprüngliche Gehalt der Würde, etwa, dass das Bild des Menschen nicht festgelegt werden kann, zugunsten einer möglichst genauen Kausistik verlorengeht. Insofern stellt etwa die *Richtlinie 11.1* mit dem Versuch, die DÜRIGsche Objektformel medienethisch handhabbar zu machen, einen guten Versuch dar, die jedoch droht, als Grundlage einer rein rechtlichen Kasuistik gebraucht zu werden, da im Gegensatz zum KANTischen Verbot der Totalinstrumentalisierung hier lediglich ein grober Bereich abgesteckt wurde, innerhalb dessen die Verletzung der Menschenwürde eines konkreten Menschen möglich ist, es sich folglich in erster Linie um ein Instrument handelt, welches Verstöße gegen die Publizistischen Grundsätze auf Verletzungen der Menschenwürde eingrenzen kann.

Handhabbar scheint hingegen die Neuformulierung eines obersten Moralprinzips nach BORMANN; dieses Prinzip definiert eine Handlungsmaxime in KANTischer Tradition und kann, da streng universal und rational begründbar, auch auf medienethischen Gebieten angewandt werden. Dieses Moralprinzip, welches bei der Handlungsfähigkeit ansetzt, reicht jedoch weiter als etwa das Instrumentalisierungsverbot und deckt nicht nur den Bereich der Menschenwürde sondern auch Ableitungen hiervon ab. Ein *journalistischer Imperativ* für den Redaktionsalltag ließ sich ebenfalls formulieren. Es bleibt nun an den Journalisten und dem DEUTSCHEN PRESSERAT, sich auf eine Definition von massenmedialer Menschenwürde und ihrer Verletzung festzulegen und weitere Ableitungen wie die Persönlichkeitsrechte und die Achtung persönlicher Ehre hiervon ausgehend zu definieren; ich vertrete mit MÜLLER die Ansicht, dass ein individualethischer Begründungsansatz hierfür besonders geeignet ist.[146]

Zu guter Letzt erinnere ich an Papst Johannes Paul II.:

> „Medien haben als vierte Gewalt eine gesellschaftliche Wirkung" und „für die Art und den Grad dieser Wirkungen [sind] die Medien nicht allein verantwortlich [...], aber sie dürfen ihre Rolle auch nicht verleugnen".[147]

---

146 Vgl. Michael MÜLLER, Investigativer Journalismus. Seine Begründung und Begrenzung aus der Sicht der christlichen Ethik (= Studien der Moraltheologie ; 6), Münster 1998; zugl.: Diss. Univ. Bochum 1997, 181. Hierzu besonders interessant: „Ein [...] «Vertreter» einer journalistischen Individualethik ist der Deutsche Presserat." (Ebd., 181)

147 Johannes Paul II., Ansprache an Künstler und Publizisten im Münchner Herkulessaal am 19. November 1980, in: Communicatio Socialis 14 (1981) 181 – 186, hier: 185.

VI. Literaturverzeichnis

Abkürzungen werden, soweit wie möglich, im Anschluss an S.M. Schwertner, Internationales Abkürzungsverzeichnis für Theologie und Grenzgebiete, 2. überarbeitete und erweiterte Auflage, Berlin/New York 1992, verwendet.

ARISTOTELES, Gernot KRAPINGER (Ed.), Rhetorik, Stuttgart 2007.

Achim BAUM, Was sollen Journalisten tun? Zur Notwendigkeit journalistischer Ethik, in: Institut zur Förderung publizistischen Nachwuchses, Deutscher Presserat (Hg): Ethik im Redaktionsalltag, Konstanz 2005, 22 – 30.

Klaus BECK, Kommunikationswissenschaft, Konstanz 2007.

Franz-Josef BORMANN, Abschied von der Verbotsmoral. Zur Bedeutung eines fähigkeitstheoretischen Ansatzes für die Moraltheologie, in: ThQ 191 (2011) 3, 210 - 215.

———, „Handlungsfähigkeit" und „gutes Leben", Plädoyer für einen schwachen Perfektionismus, in: M. Hoesch, S. Muders, M. Rüther (Hrsg.): Glück - Werte - Sinn, Berlin 2012, 177 - 194.

———, Menschenwürde und ärztliches Handeln. Moraltheologische Überlegungen zum gegenwärtigen Streit um den Würdebegriff, in: Renovatio 62 (2006) 1/2, 43 - 61.

———, Natur als Horizont sittlicher Praxis, Stuttgart 1999.

L. BRYSON (ed.), The Communication of Ideas, New York 1948.

BURKHART, Kommunikationswissenschaft, Stuttgart 1998.

DEUTSCHER PRESSERAT (Hrsg.), Ethik im Redaktionsalltag, Konstanz 2005.

DEUTSCHER PRESSERAT, Jahrbuch 2007, Konstanz 2007.

DEUTSCHER PRESSERAT, Spruchpraxis 1985 – 2005, Beilage zum Jahrbuch 2006, Konstanz 2006.

Günter DÜRIG, Der Grundrechtssatz von der Menschenwürde, in: Archiv des öffentlichen Rechts 81 (1956) 117 – 157.

———, Kommentar zu Art. 1 Abs. 1 GG, in: Theodor Maunz, Günter Dürig (Hg.), Grundgesetz. Kommentar. Loseblattsammlung, München 1958, Rn. 28 – 34.

Rüdiger FUNIOK, Handlungsebenen und Begründungen. Verantwortliche Medienerstellung und Mediennutzung, in: Günter Kruck, Veronika Schlör (Hrsg.), Medienethik – Medienphilosophie. Zwei Tagungen – Eine Dokumentation, Frankfurt am Main 2003, 99 – 116.

Alan GEWIRTH, Reason and Morality, Chicago 1978.

Joachim VON GOTTBERG, Lutz TILLMANNS, Freie Berichterstattung und ihre ethischen Grenzen. Komplizierte Abwägungsprozesse erfordern professionelle Kompetenz, in: TV Diskurs 46, 12 (2008) 4, 22 – 27.

Felix HEIMANN, Der Pressekodex im Spannungsfeld zwischen Medienrecht und Medienethik (= Studien zum deutschen und euopäischen Medienrecht ; 37) Frankfurt am Main, 2009; zugl. Diss. FernUniv. Hagen, 2008.

Matthias HERDEGEN, Kommentar zu Art. 1 Abs. 1 GG, in: Theodor Maunz, Günter Dürig (Hrsg.), Grundgesetz. Kommentar, München 532009.

Johannes HESSEN, Die Methode der Metaphysik, Hannover – Stuttgart 21955.

Anton HÜGLI, Was haben Medien mit Ethik zu tun?, in: Michael Haller, Helmut Holzhey (Hg.), Medienethik. Beschreibungen, Analysen, Konzepte für den deutschsprachigen Journalismus, Opladen 1992, 6 – 72.

D. Gareth JONES, Speaking for the dead. Cadavers in biology and medicine, Aldershot 2000.

Immanuel KANT, Wilhelm WEISCHEDEL (Ed.), Kants Werke, Frankfurt am Main 1968.

Andrea KÖNIG, Medienethik aus theologischer Perspektive. Medien und Protestantimus – Chancen, Risiken, Herausforderungen und Handlungskonzepte, Marburg 2006; zugl. Diss. Univ. Regensburg, 2005.

Joachim KNAPE, The Medium is the Massage? Medientheoretische Anfragen und Antworten der Rhetorik, in: Ders. (Hg.), Medienrhetorik, Tübingen 2005, 17 – 39.

———, Was ist Rhetorik?, Stuttgart 2000.

Herbert Marshall MCLUHAN, Bruce R. POWERS, The Global Village. Transformations in the 21st Century, New York 1989.

———, Understanding Media. The Extensions of Man, Cambridge – London 1999.

Michael MÜLLER, Investigativer Journalismus. Seine Begründung und Begrenzung aus der Sicht der christlichen Ethik (= Studien der Moraltheologie ; 6), Münster 1998; zugleich Diss. Univ. Bochum 1997.

Martin NETTESHEIM, Die Garantie der Menschenwürde zwischen metaphysischer Überhöhung und bloßem Abwägungstopos, in: AöR 130 (2005) 71 - 113.

JOHANNES PAUL II., Ansprache an Künstler und Publizisten im Münchner Herkulessaal am 19. November 1980, in: Communicatio Socialis 14 (1981) 181 - 186.

Lutz VON ROSENSTIEL, Grundlagen der Organisationspsychologie, Basiswissen und Anwendungshinweise, Stuttgart ^{3}1992.

Richard SCHAEFFLER, Wege zu einer Ersten Philosophie, Frankfurt am Main 1964.

Claude E. SHANNON, Mathematische Grundlagen der Informationstheorie, München 1976.

Thomas RENTSCH (Hrsg.), Einheit der Vernunft? Normativität zwischen Theorie und Praxis, Paderborn 2005.

Josef WINTRICH, Über Eigenart und Methode verfassungsgerichtlicher Rechtsprechung, in: Hans Bachof, Erich Becker, Godehard Ebers, Ludwig Foohs u.a., Verfassung und Verwaltung in Theorie und Wirklichkeit. Festschrift für Herrn Geheimrat Professor Dr. Wilhelm Laforet anläßlich seines 75. Geburtstages, München 1952, 227 - 249.

Rüdiger FUNIOK, Udo F. SCHMÄLZLE, Christoph H. WERTH (Hrsg.), Medienethik - die Frage der Verantwortung, Bonn 1999.